JN207489

＼＼さよなら冷え、むくみ！／／

輪ゴムdeながら美脚術

著者　岩田茂裕
監修　藤野奈緒子
日本ストレッチング協会
認定ストレッチングマスター／講師

幻冬舎 MC

Don’t worry,
Be beautiful!

自分の脚だもの
やっぱり自信が持てたら
嬉しいですよね

※この本では原則として、太ももから足先までを「脚」、くるぶしより下を「足」と表記します。

ひえひえ足チェック

女性に多いといわれる冷え。自覚のない場合でも、実は冷えていることもあるので、自己チェックしてみましょう。

これが理想の足裏の色

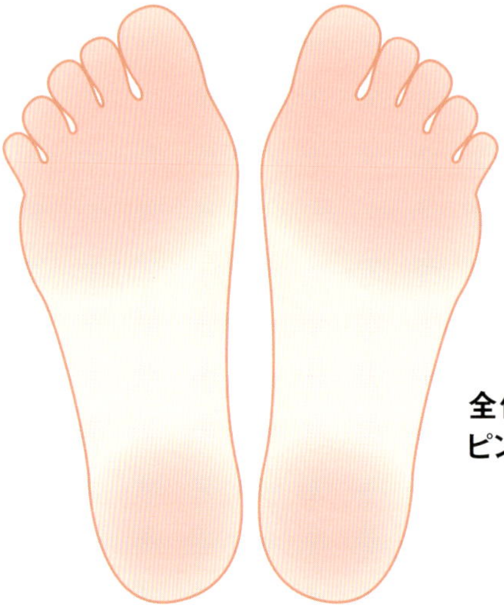

全体的にピンク

暖かみのあるグラデーション

こんな色はひえひえ足

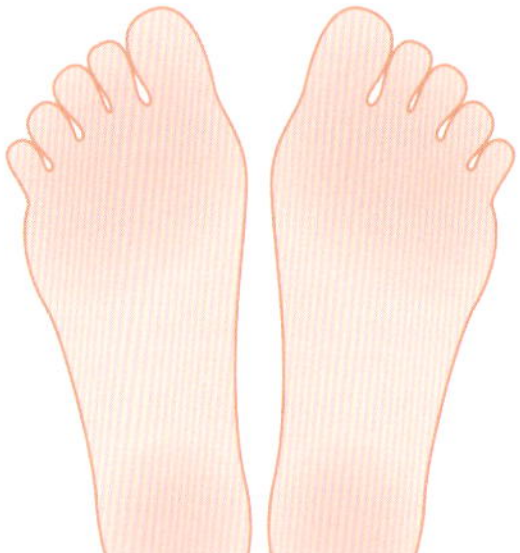

紫っぽく血色が悪い

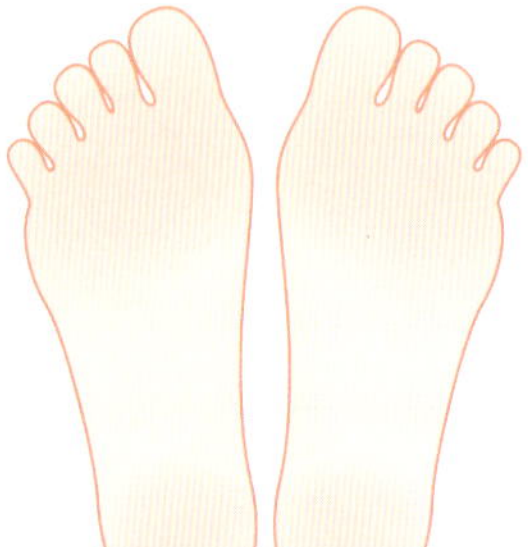

白く赤みがない

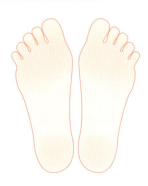

検証!

「輪ゴムdeながら美脚術」で
冷えに即効!

BEFORE

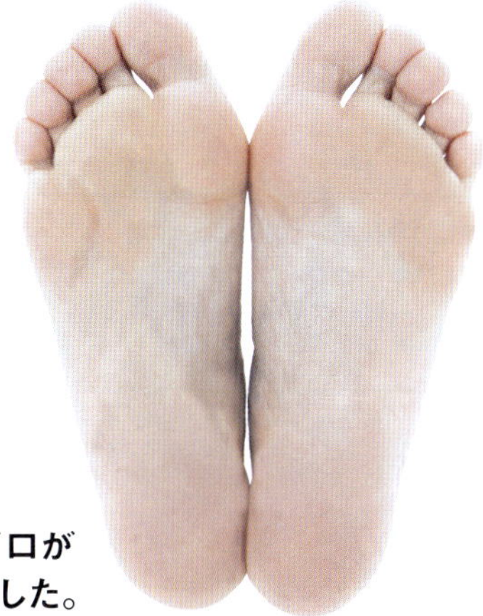

ひえひえ

夏は靴下、
冬は足裏用カイロが
手放せませんでした。

輪ゴムをはめて
足指を動かしただけで…

AFTER

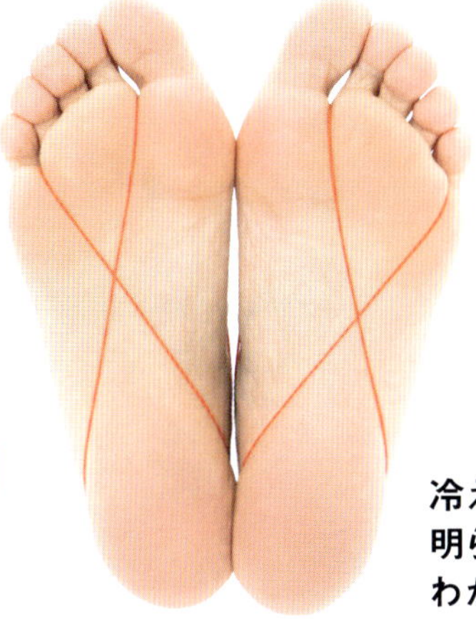

じんわり
あったかく
なった

冷えていた足が
明らかに変わったのが
わかります!

すぐに試したい人はP.38へ

ぱんぱん脚チェック

むくみは放っておくとどんどん悪化してしまいます。まずは、むくみの兆候がないか、自己チェックしてみましょう。

ぱんぱん脚にありがちな特徴

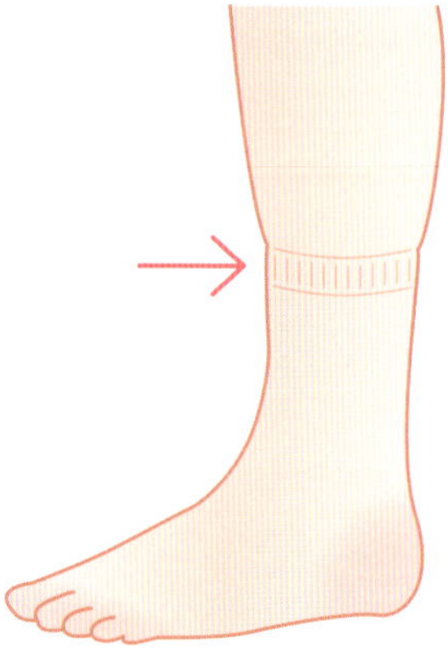

脱いでもなかなか
とれない靴下のゴム跡

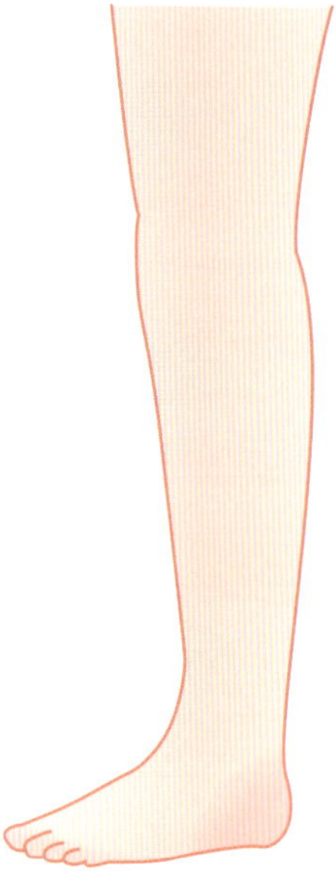

足首にくびれがない

太ももからヒップに
かけてのセルライト

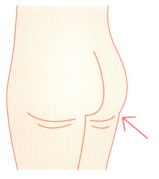

検証！『輪ゴムdeながら美脚術』で

むくみに即効！

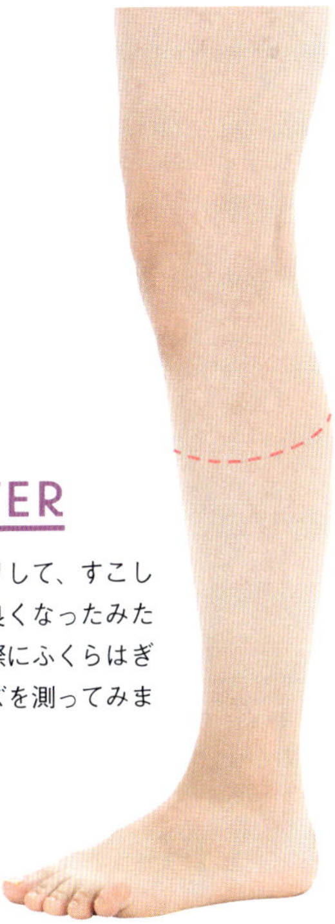

輪ゴムをはめて
足指を
動かしただけで…

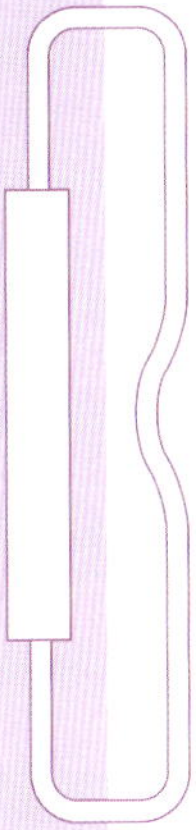

AFTER

スッキリして、すこし血色が良くなったみたい。実際にふくらはぎのサイズを測ってみましょう。

BEFORE

冷えとむくみが同居している足で、夕方はいつも靴がキツくて困っています。

ふくらはぎを
測ってみたら……

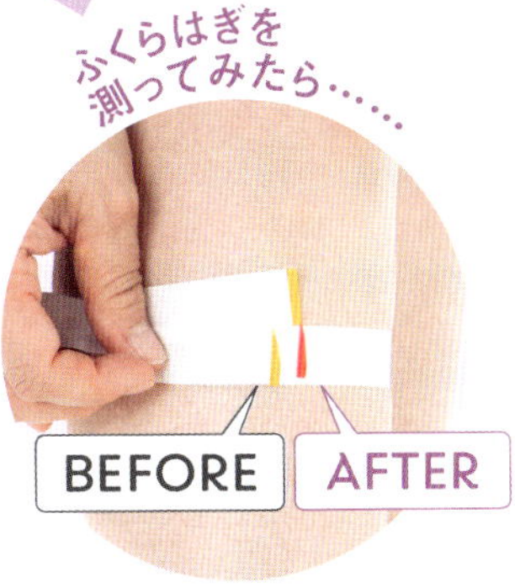

P.38からの3つの
エクササイズだけで、
10㎜も細くなりました！

すぐに試したい人はP.38へ

「輪ゴムdeながら美脚術」で自信の持てる足に

「脚にメリハリがなくて、象さんみたい」
「むくみやすくて、いつも脚がぱんぱん」
「血色が悪くて、いつも冷たい足」

食事制限、ウォーキング、筋トレやアロママッサージをしても
効果はいまいちだし、そもそも面倒くさくて続かない。
こんな足の悩みを抱える女性は少なくありません。

そんな悩める女性たちにピッタリな、簡単に家でできる
エクササイズが「輪ゴムdeながら美脚術」。

LOGUE

その内容はとてもシンプル。
左右の足指に２本ずつ輪ゴムをはめて体を動かすだけ。
足がむくんだり、冷たいなと思ったとき
30秒で違いが実感できるエクササイズです。

PRO

もくじ

CHAPTER 1

美脚の大敵、冷え・むくみ！ 血行不良による〝おブス脚〟

CHAPTER 2

超かんたん！ 輪ゴムde〝ながら〟美脚術

CHAPTER
3
美脚だけじゃない！輪ゴムde手に入れるヘルシーボディー

LET'S STUDY!

CHAPTER

1

美脚の大敵、冷え・むくみ!

血行不良による“おブス脚”

どんなに美しい脚だって、悪影響を受け続けると
“おブス脚”になってしまいがち。美脚を遠ざけてしまう
原因について、知っておきましょう。

美脚にはほど遠い……女子たちが悩む冷え・むくみ

女性の美脚への憧れは、いつの時代も最大の関心ごとです。美脚を特集している雑誌や美脚になれるソックスなど、常に新しい話題やモノであふれています。裏を返せば、自分の足に悩みを抱いている女性がとても多いということですが、実際に私のところに寄せられるお悩みを分析したところ、次の2つに集約されました。

◆**ひえひえ足**……いわゆる**冷え症**。足がとても冷たく、血色も悪い。自覚症状がなく、体全体も冷えてしまう。

◆**ぱんぱん脚**……いわゆる**むくみ**。ふくらはぎや足首が膨張して、くびれがあまりない。ムズムズして辛いことも。

まずは自分の足の状態をチェックしてみましょう。「私は冷えていない、むくみはない」と思っていても、実は隠れ「おブス脚」かもしれません！

次のうち、1つでも当てはまればおブス脚。
セルフチェックをしてみましょう。

ひえひえ足

- □ 脇の下を触ってから足先を触ると、ヒヤッとする
- □ 夏でも靴下が手放せない
- □ 足先の色が白っぽい

ぱんぱん脚

- □ 足首のくびれがない
- □ スネの内側を親指で強く押したあと、5秒たっても指の跡が残る
- □ ふくらはぎの一番太い部分が、朝と晩で5ミリ以上差がある
- □ 朝はあっさり履けた靴が、夕方キツく感じる

血行不良が冷え・むくみにつながる

冷えやむくみの主な原因は**血行不良**。人間の体は重要な臓器が集まる体の中心部を優先して、冷やさないよう一定の温度を保とうとします。特に気温の低い場合は、体の末端である足先に血流が行き渡りにくくなり、足が冷えてしまうのです。座りっぱなし、立ちっぱなしなど、**同じ姿勢を続けている**と、血液の循環だけでなく、リンパ液の循環も悪くなります。その結果、足のほうに水分がたまってむくみとなってあらわれます。

もう一つ、**脚のゆがみが冷えやむくみを起こす**場合もあります。両足を閉じたつもりでも、ひざの間があいてしまうＯ脚や、ひざを中心にして足全体が「くの字」になってしまうＸ脚は、体の重心のバランスを崩しています。すると、一部の筋肉に負担がかかることで血行不良を起こし、冷えやむくみの原因となるのです。

自分の足をよく観察することが美脚への第一歩

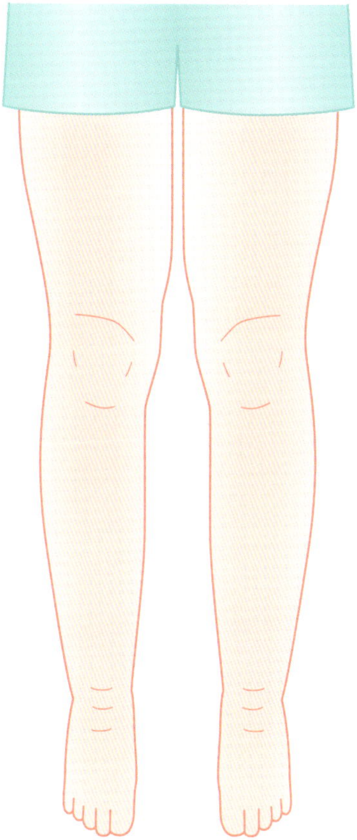

メリハリのない
ぱんぱん脚

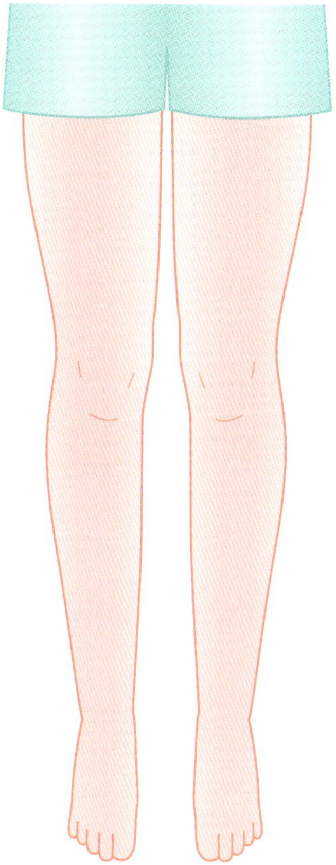

血色の悪い
ひえひえ足

おブス脚の
原因!

冷え・むくみを感じやすい人の生活習慣

食事

□ 食事を抜いたり、糖質制限をしたり、ちょっとハードなダイエットをしているんだけれど……

□ コーヒーやお酒をよく飲んでしまう

□ 「冷たいスイーツ」が大好きで、寒いときでもアイスなどを食べちゃう

□ 味付けの濃い、パンチのきいた料理が大好き

□ 食事の時間が不規則

自宅での過ごし方

□ 起床時間も就寝時間も不規則

□ 入浴タイムは、シャワーのみですませがち

□ 気がつくと、スマホを見ながら寝落ちしている

おブス脚を招く生活習慣は、日常の中にひそんでいます。
1つでも当てはまったら、冷えやむくみの原因に！ あなたは大丈夫？

運動・姿勢・環境

- □ 体を動かしたり、運動をしたりするのは好きじゃない
- □ デスク作業など、同じ姿勢で長時間過ごしてしまいがち
- □ 仕事柄、どうしても立ちっぱなしになってしまう
- □ 座るときは、どうしても足を組んでしまいがち
- □ 職場の冷暖房が強すぎる（けど、言えない……）

装い

- □ 夏でも冬でも、おしゃれ最優先。肌が露出するような服や、薄着が大好き
- □ 締めつけのキツい着圧系を愛用している
- □ 「おしゃれ命！」だから、靴はヒールの高いものばかり

間違った対策していませんか？

これまで足の冷えに悩んできた人は、靴下の重ね履きを試したことがあるのではないでしょうか。２枚以上の**重ね履きをすると、圧迫されることで足の動きの妨げとなり、血行不良の原因になります**。なぜなら、足はいくつもの細い骨からできており、しなやかに動くようできているからです。

また、むくみ対策として着圧系サポーターやソックスがありますが、これも脚を締めつけるので一時的にはむくみが取れたような感じがしますが、**実は血行を良くすることにはなりません**。さらに、間違った履き方をしていたり（偏りがあって均等になっていない）、サイズが合っていなかった場合、脚に過剰な圧迫を加えてしまいます。血行障害や神経障害を招くこともあるので、注意したいものです。いずれも一時的な対症療法であり、根本的な解決策とはいえません。

それ、血行不良の原因になっています！

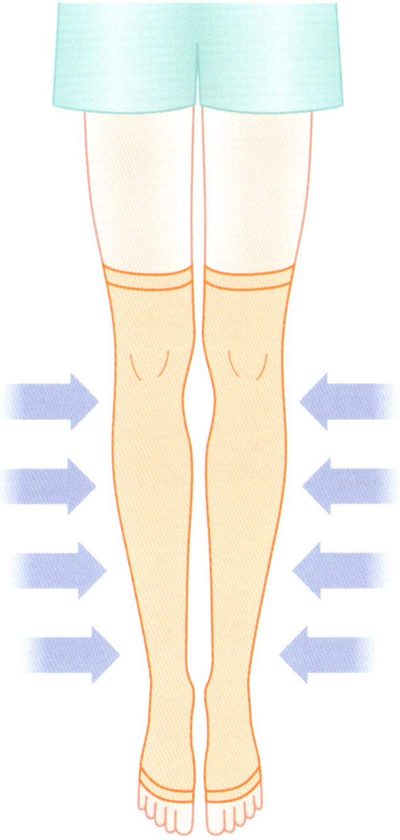

着圧系サポーター

靴下の重ね履き

足が正常に動けば、冷え・むくみが根本解決！

足は「第2の心臓」と呼ばれ、血液を送り出す**心臓に似た役割**をしています。

心臓から足先まで運ばれた血液は、再び心臓に送り返さなければなりません。それを助けているのが**ふくらはぎの筋肉**です。筋肉が縮むと血管は押され、それとともに血液を押し出します。一方、筋肉がゆるむと血管は広がり、血液が流れ込むことで血液を循環させます。実際にふくらはぎを動かしてみると、足先が一緒に動くことがわかります。逆にいえば足先がしっかり動けばふくらはぎも活発に動き、その結果、**血流が改善されて冷えやむくみが解決**するという仕組みなのです。そこで登場するのが今回のテーマの輪ゴムです。冷えやむくみのある方はぜひＰ38を参考に、足につけてみてください。**ゴムが指の間を指圧することで足の筋肉が動き出し、心臓と同じようなポンプの役割を果たしてくれるのです。**

第2の心臓が働けば、冷え・むくみは解決

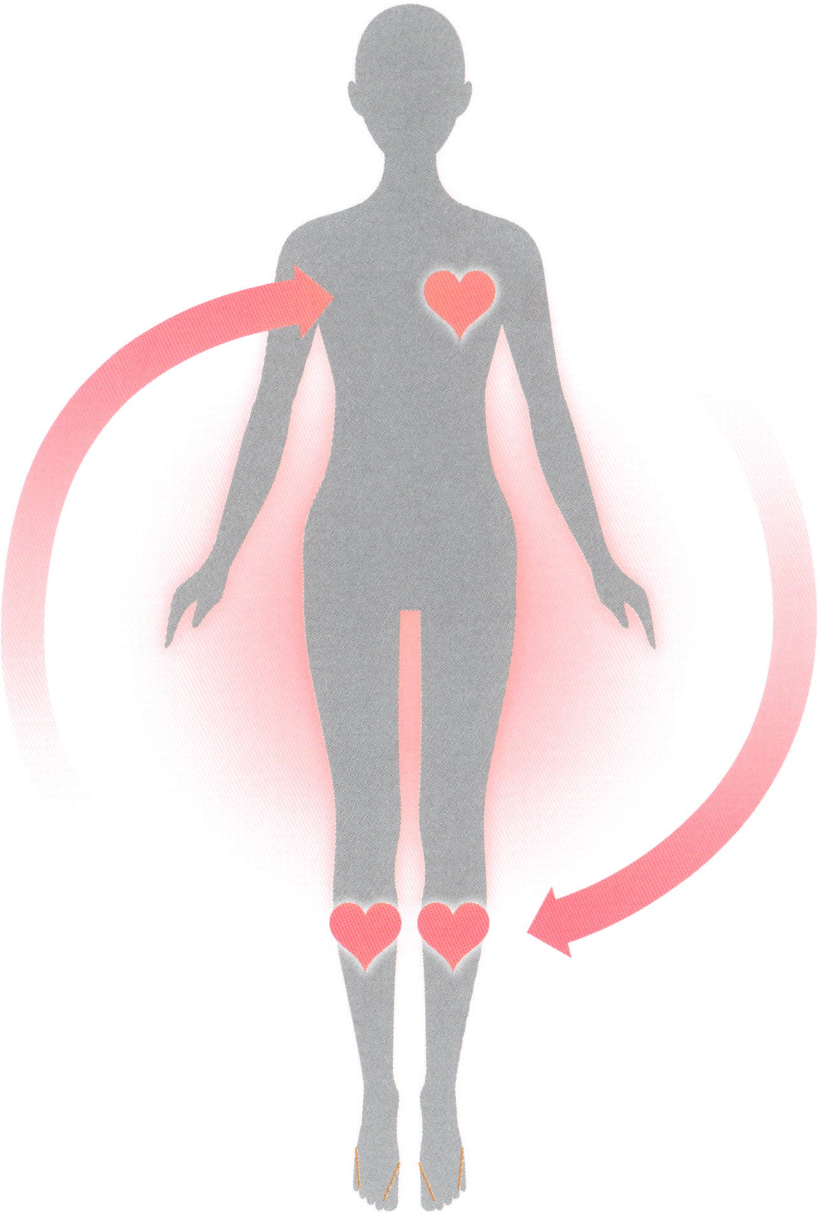

COLUMN

1

O脚、X脚、猫背はNG! 美脚ダイエットの条件

O脚・X脚や猫背は見た目だけの問題だけではなく、血行不良の原因に。将来はひざや腰の痛みにつながってしまうこともあります。

では、なぜ脚がゆがんだり、猫背になってしまうのでしょう。その原因は、足の裏にかかる体重のバランスが崩れることで、足の指が地面についていないことです。

美脚を目指すためには無理な運動をせず、まずは足のバランスを整えることからはじめましょう。それには「輪ゴムdeながら美脚術」がぴったり。足指が柔軟に動くようになれば、地面をしっかりつかむことができます。すると、足の裏にかかる体重（重心）も偏ることなく、上手にバランスがとれるようになるので、次第にまっすぐな脚に近づき、猫背も改善されていきます。

さらに血行不良による冷えやむくみは改善し、脚のラインが整ってヒップもキュッと引き締まってきます。

まさに「輪ゴムdeながら美脚術」は、美脚ダイエットといえるでしょう。

重心が傾くとX脚・O脚の原因に

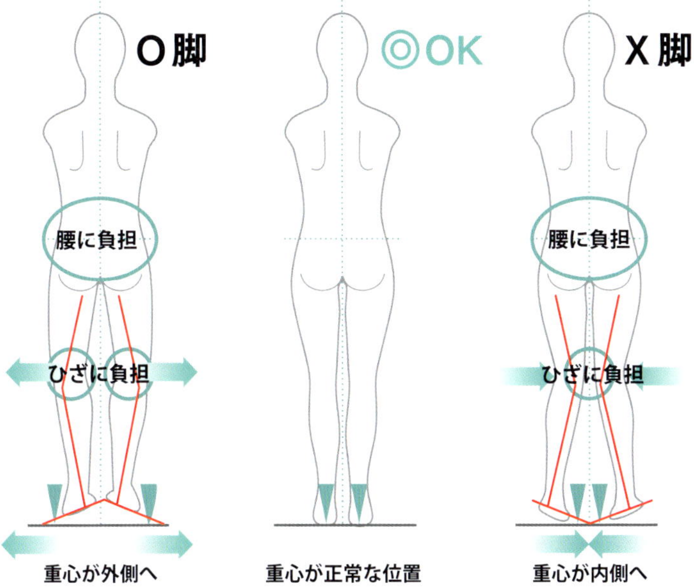
O脚
腰に負担
ひざに負担
重心が外側へ
◎OK
重心が正常な位置
X脚
腰に負担
ひざに負担
重心が内側へ

猫背の原因もバランスの悪さにあります

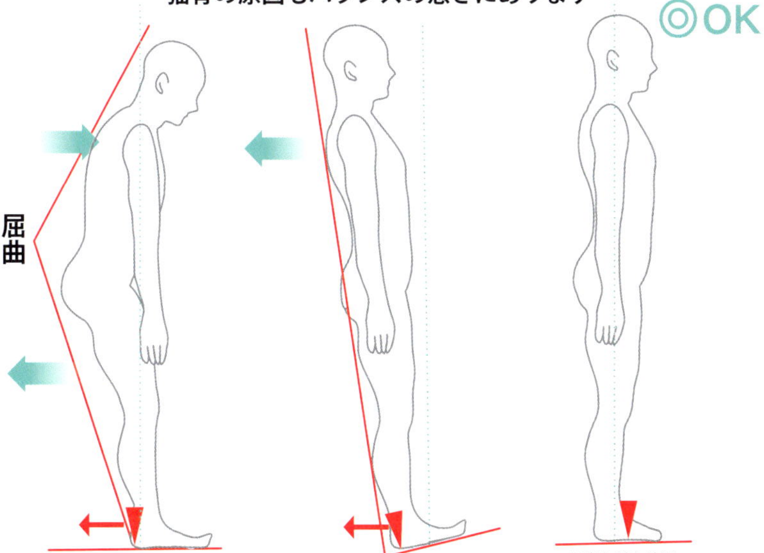
屈曲
◎OK

傾いた重心のバランスを
まっすぐに保とうとするため、
腰や背中が曲がります。

つま先が床から浮いて
しまうと重心が後ろに
傾きます。

正常な重心位置

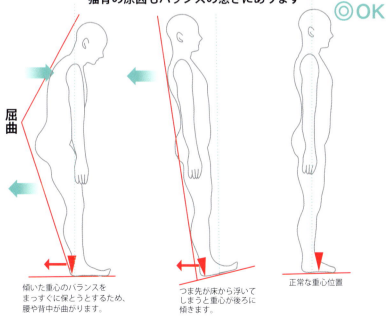

LET'S
EXERCISE!

CHAPTER

2

超かんたん!
輪ゴムde“ながら”美脚術

足にはもともと、心臓と同じようなポンプ機能が備わっています。
それは、輪ゴムで改善可能。
輪ゴムは、ぞうりの鼻緒と同じように
足に指圧のような効果を与えて、血行を良くしたり、
バランスを整えたりしてくれます。

「輪ゴムdeながら美脚術」は鼻緒がヒント

日本古来からの鼻緒のある履物は、足指を独立させて動かすことができました。足の裏にかかる体重も、足指が開くことで、体のバランスが保てていたのです。

ところが近年「足の指を自分の意志で動かせない人」が増えています。試しに、ティッシュペーパーを床に置き、足の指だけでつかんでみてください。できないという人は珍しくないでしょう。次に、P38を見ながら輪ゴムを足にはめて、再び試してみてください。足の指が動かしやすくなっているはずです。

その理由は**「鼻緒によって指間を指圧のように刺激されると、足の指が動く」**という生理的なメカニズムが、輪ゴムをはめることによって再現されるからです。つまり輪ゴムは「鼻緒」と同じ役目を果たしているのです。**これがまさに鼻緒と同じ輪ゴムの効果、「鼻緒メソッド」**です。

鼻緒メソッド～足指の間を刺激すると足指は自然に動く

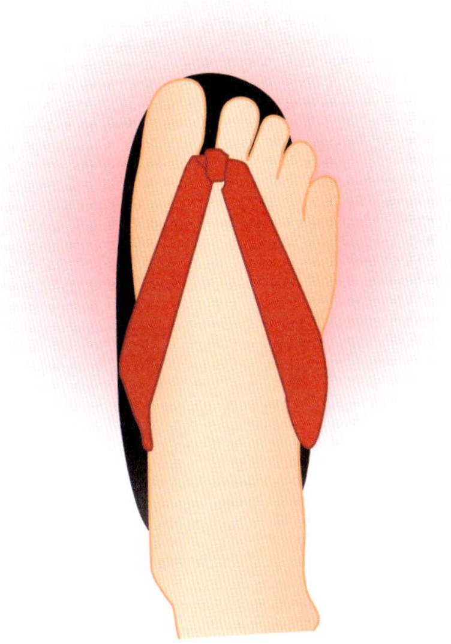

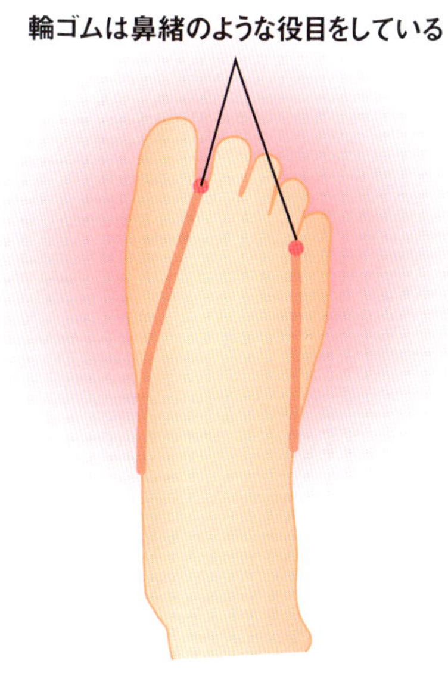

足のポンプ機能を鍛えよう

美脚を目指すなら、**足の構造について知っておくことは重要**です。足は心臓のずっと下に位置しているため、重力によって血液が溜まりやすくなっています。そのため、足には血液を心臓に押し出すポンプ機能が備わっていますが、足の使われ方によっては、この機能が弱まることも。健康な若い人でも、心臓と同じような**足のポンプ機能を高めていくよう効率よく働きかけること**が必要です。

そのために大事なことは**「足の指が十分に動くこと」**。足の指が十分に動かないと、血流が滞ってしまいます。ですから、足の指を十分に広げ、体重をしっかり支え、**正常な足の状態に近づけるよう意識したい**ものです。

さらに**「つま先を上下に動かすこと」**も忘れずに。ふくらはぎの筋肉で、さらに心臓と同じようなポンプ機能が鍛えられます。

足のポンプ機能をアップ

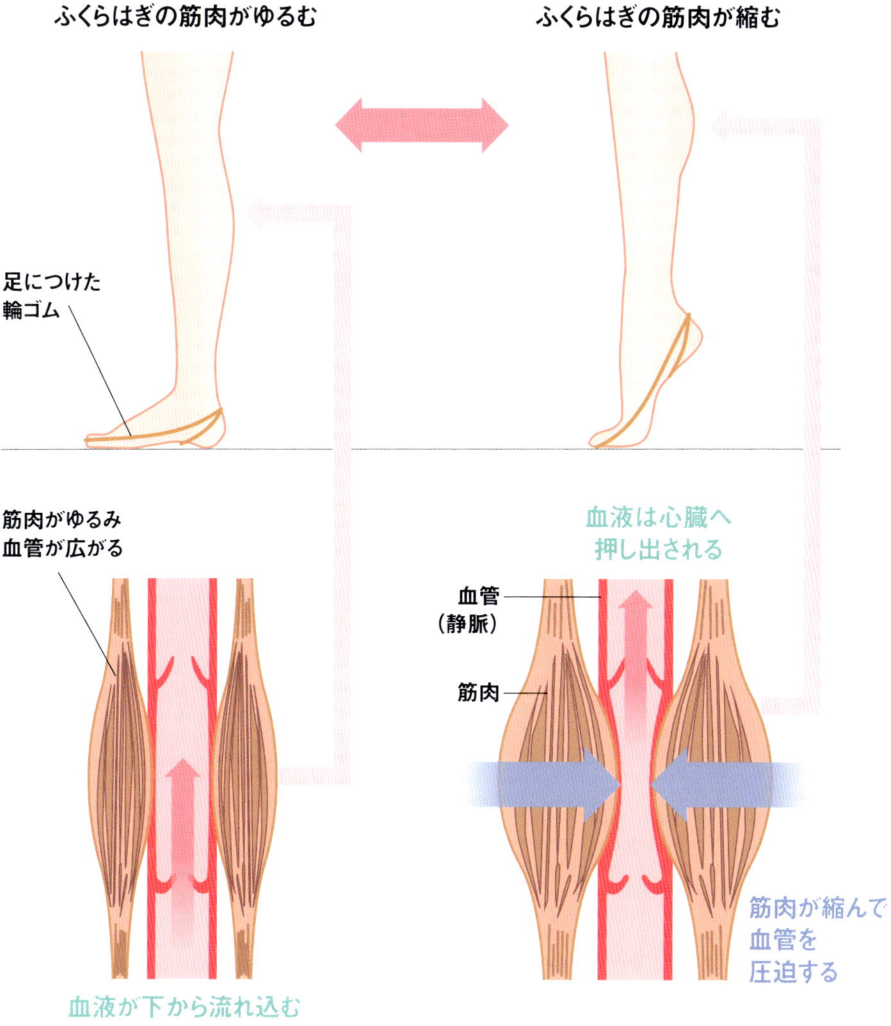

この動きが繰り返されることで、
第2の心臓であるふくらはぎのポンプ機能が
働いて、血液の循環がよくなる

「鼻緒メソッド」で全身のバランスも整えられる

輪ゴムから足指の間に指圧を与えると、足のポンプ機能が鍛えられ、**足裏から全身のバランスまで改善できます**。その秘密は**「土踏まずの強化」**にあります。人が歩くとき、地面から足裏に受ける衝撃は体重の約1.2〜1.5倍ともいわれています。50kgの人なら約75kgの衝撃を受けますが、土踏まずは足のバネになっており、衝撃を吸収してくれます。ですから、土踏まずの強化こそ、足の裏にかかる体重のバランスの分散につながるのです。

この現象は、逆に考えるとよくわかります。足の指を床から離して立つと、体はバランスを失い、倒れます。足の指が床につき、土踏まずが機能していると、**つま先、つけ根、かかとの3点でバランスがとれ、全身は安定します**。そのように導いてくれるのが**「鼻緒メソッド」**であり、輪ゴムの効果なのです。

「鼻緒メソッド」とは?

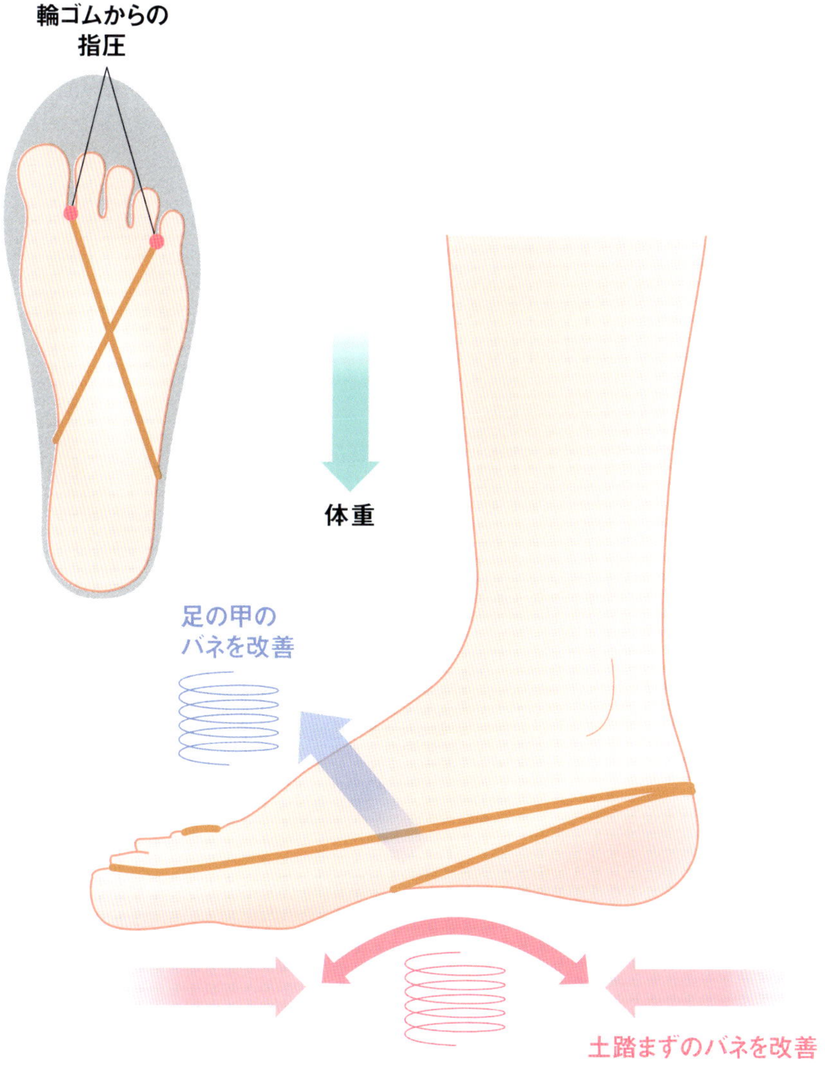

は、こんな人にオススメ！

楽に美脚に
なりたい人

難しい
エクササイズは
苦手な人

毎日やるのが
おっくうな人

ジムに
わざわざ通うのは
面倒な人

「輪ゴムdeながら美脚術」

三日坊主で
いつも
続かない人

**忙しくて
時間がない人**

お金を
かけたくない人

すぐに効果を
得たい人

輪ゴムのつけ方

付録の輪ゴムを使いましょう。サイズが合わない場合は、ご自分に合うものをご用意ください。左ページの注意書きも確認してください。（締めつけがキツいと感じる場合は無理をしないで外してください）

1

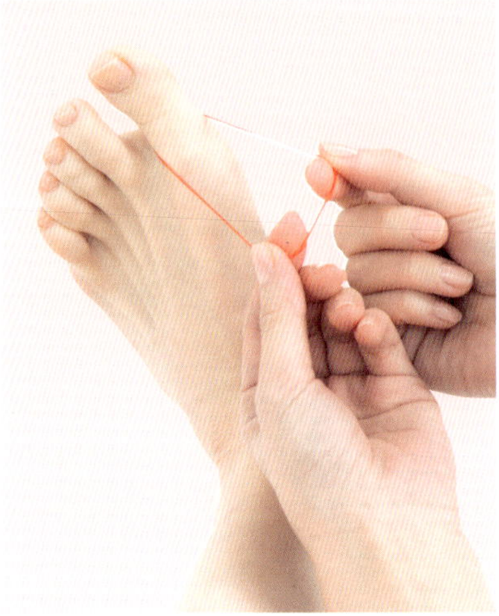

親指に輪ゴムをひっかける。

2

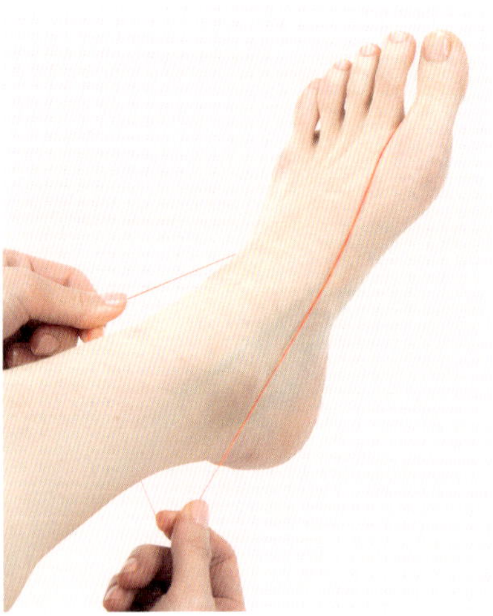

親指にかけた輪ゴムをかかとにかける。

3

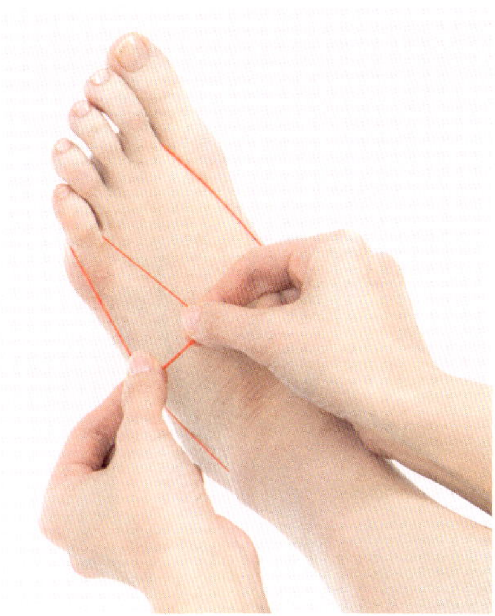

2本目の輪ゴムを小指にかける。

4

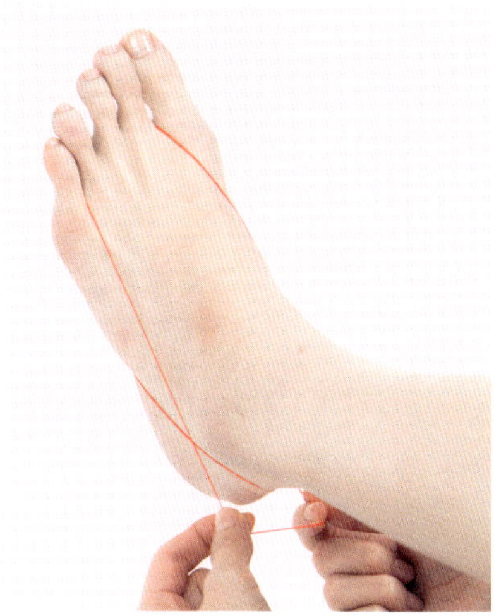

小指にかけた輪ゴムもかかとにかける。

完成!

5

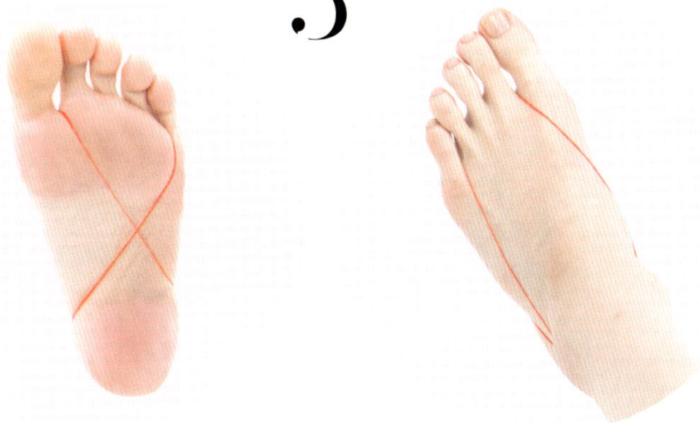

反対側の足も同じように輪ゴムをかける。

※●違和感を感じたら輪ゴムをいったん外しましょう。輪ゴムの装着は時間をあければOK。1日の回数制限はありません。
●小さなお子様が行う場合は、誤飲等の事故や輪ゴムを巻き付ける力の加減をチェックするため、必ず保護者と一緒に行いましょう。
●もし足に不具合が生じたらすぐに使用をやめ、医師の診断を受けてください。
●逆流性静脈瘤の方、傷・湿疹・腫ものが輪ゴムに触れる場合は輪ゴムを使用しないでください。その他、血管及び内臓疾患のある方は、必ず医師の意見を聞いてから行ってください。
●肌の弱い方・アレルギーのある方は短時間の使用で様子を見ながら行ってください。
●うっ血・むくみ・かぶれなど異常が生じた場合は、すぐに使用をやめてください。

\ まずやってみよう /

冷え、むくみ30秒で解消！

足がひえひえ、ぱんぱんで辛い時は
これだけでも効果アリ
3つのエクササイズ

CHALLENGE **1** 足指グーパー

CHALLENGE **2** 片足正座

CHALLENGE **3** つま先屈伸

※高血圧などの持病や、怪我や病気の既往歴がある方は、主治医と相談のうえ行ってください。また健康な方でも、過度に同じ動きを集中して行うと、体に負担がかかりすぎることがあります。あくまで「気持ちいい」と感じられる程度で、息が上がり過ぎない範囲で、楽しみながら行うようにしましょう。

LET'S START!

足が冷えたとき
むくんで辛いときに
ぜひやってみて!

ここからエクササイズの
動画を見ることが
できます
▼

※予告なく終了する場合が
ございます。ご了承ください。

エクササイズ監修／
藤野奈緒子

特定非営利活動法人 日本ストレッチング協会認定
ストレッチングマスター／講師
有限会社プティオ 取締役健康教育事業部長
一般財団法人 日本コアコンディショニング協会認定
マスタートレーナー／A級講師
安城市・安城市体育協会 認定スポーツ指導者
米国NLP™協会 認定NLPトレーナー
一般財団法人 日本コミュニケーショントレーナー協会
認定コミュニケーショントレーナー

CHALLENGE

1 足指グーパー

30秒間

1 足を伸ばして床に座る

POINT

- 座位、立位、どちらも楽な姿勢で。
- 座位のとき、ひざは少し曲げても大丈夫。
- 指先を大きく広げましょう。広げにくい指があるときは、あまり気にせずできる範囲で。

ねらい

- まずは指を動かしてみましょう。動かそうという意識が大切！

2 グー

最初はムリせず
徐々に

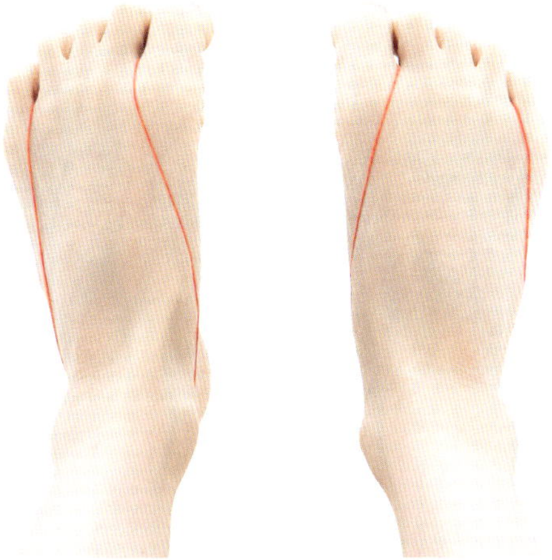

3 パー

できるようになったら
大きく開く

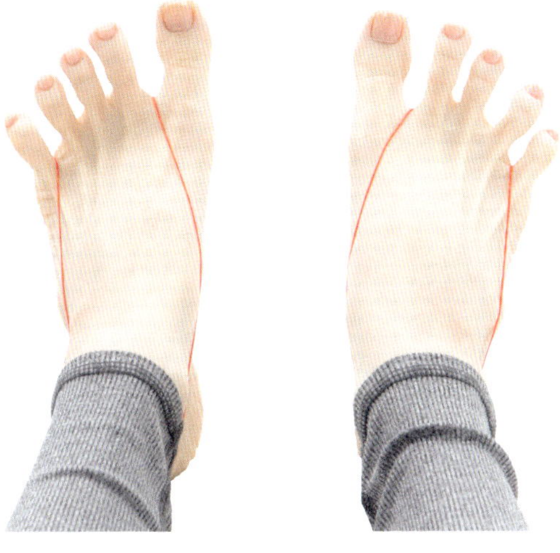

CHALLENGE

2 片足正座

左右1セット × 1回〜

ねらい

- 前のももを伸ばして、ふくらはぎをギュッと縮めて脚のポンプ機能を活性化させます。

1 脚を曲げて椅子に軽く座る

自然な呼吸で
10〜15秒間
キープ
浅めに座る
手は
軽く添える
曲げる側は
つま先を伸ばす

NG

- ひざ、足首に痛みや違和感があるときは無理をしない。

POINT

- 胸は張ったほうがよいが、反り過ぎないこと。
- ももの前がかたくひざを折りたためない場合は、腰を浮かし、少しずつ体重をかけて調整。

気持ちいい〜

2 反対側も行う

CHALLENGE

3 つま先屈伸

左右1セット ×2回〜

1 まっすぐ立って つま先を立てる

ねらい

- 脚のポンプがしっかり働いて血液が押し戻されます。

POINT

- 好きな曲をBGMにして、リズミカルに行うこともおすすめ。

NG

- 下を見ると背中が曲がるので、胸を張りましょう。

2 4つ数えながらゆっくり沈む

キープしたら
1に戻る

ながらエクササイズ

さらなる美脚を目指しましょう！

基本のエクササイズに慣れたたら、今度は“ながら”でできる、さらに効果的なエクササイズにチャレンジ!ご自身のライフスタイルに合わせ、好きなページからトライしてみてください。呼吸しながら足指を使うことで自律神経のバランスを整え、血行促進による冷え・むくみの解消や健康美ボディの活性化につなげましょう。生活習慣に取り入れながら、エクササイズで美脚を手に入れてください。

◀ ここからエクササイズの動画を見ることができます

※予告なく終了する場合がございます。ご了承ください。

NAGARA de
BIKYAKUJUTSU!

※高血圧などの持病や、怪我や病気の既往歴がある方は、主治医と相談のうえ行ってください。また健康な方でも、過度に同じ動きを集中して行うと、体に負担がかかりすぎることがあります。あくまで「気持ちいい」と感じられる程度で、息が上がりすぎない範囲で、楽しみながら行うようにしましょう。

ながらエクササイズ リスト

初心者でも大丈夫！無理なくできて、効果の高いエクササイズを集めました。
好きな時間にやるもよし、改善したいところから始めるもよし。
びっくりするほど簡単な動きでも体は着実にかわっていきます。

MORNING

	エクササイズ	ねらい	掲載ページ
1	目覚めたら1　股関節ほぐし	血流改善・冷えやむくみ改善	52
2	目覚めたら2　ヒップリフト	ヒップの引き締め・体幹安定性向上	54
3	目覚めたら3 片足バランス呼吸	背筋をしなやかに整える・ヒップアップ	56
4	歯磨きしながら 股関節回し	血流改善・ゆがみ改善	58
5	掃除しながら　ランジ	太ももの引き締め	60
6	着替えをしながら1 ストッキングストレッチ	下半身のラインを整える・柔軟性向上	62
7	着替えをしながら2 タンゴ	全身をしなやかに スタイルアップ	64

〈COLUMN 2〉

予備運動でさらに効果アップ

	エクササイズ	ねらい	掲載ページ
1	立位の骨盤ニュートラル	体を正しい位置に戻す・同じ姿勢を続けた後のリセット	66
2	座位の骨盤ニュートラル		68
3	白鳥の羽ばたき		70

EVENING

	エクササイズ	ねらい	掲載ページ
1	料理をしながら かかと落とし	代謝の促進・ 骨粗しょう症予防	72
2	テレビを見ながら 1 ツイスト鼻呼吸	ウエストの引き締め	74
3	テレビを見ながら 2 美尻スタティック ストレッチング	美しいヒップライン・ 腰痛予防	76
4	音楽を聴きながら 手足のツボ刺激	血液とリンパの流れを促す・ 全身のバランスを整える・ むくみ改善	78
5	パソコンを見ながら こじりよじり	骨盤の矯正と下半身の引き 締め・腰痛予防	80

NIGHT

	エクササイズ	ねらい	掲載ページ
1	お風呂で 1 ハムストリングスのストレッチ	下半身の可動域アップ・ スタイル改善	82
2	お風呂で 2 肩まわり・腰まわりの ストレッチ	疲労緩和・むくみ改善・ 胃腸の働きを促す・ 便秘や生理痛の緩和	84
3	眠る前に 1 骨盤ゆすり	血流改善・ 心身のバランスアップ	86
4	眠る前に 2 左右にひざ倒し	骨盤のゆがみ改善・ 睡眠の質をアップ	88
5	眠る前に 3 全身のストレッチ	一日の終わりに全身を整える	90

1
MORNING

目覚めたら1

股関節ほぐし

Start
仰向けに寝る

1 内側にひねる

左右1セット×3回

ねらい

- 股関節をほぐし血流をアップ、快活な目覚めを。

NG

- 腰が浮いたり、骨盤が傾くのはNG。
（腰が浮かない範囲で行う）

POINT

- 前半は親指を内向き、後半は外向きを意識。
- 無理をしないで、足の付け根からゆっくりと回す。

2 外側へ開く

2
MORNING

目覚めたら2
ヒップリフト

1セット × 5回〜

1 仰向けで両ひざを立てる

背中が床についた状態で、呼吸しながら４つ数える。

POINT

- 各動作を４カウントずつ。
- ゆっくり行ったほうが強度は上がる。キツく感じるときは、スピードを少し速めて回数を増やす（目安はキツいと感じたところから＋１〜２回程度）。

ねらい

- ヒップリフト…おもに大殿筋と脊柱起立筋、腹横筋に刺激を与え、引き締まったヒップラインに。体幹安定性の向上にも。

2 ヒップアップ

ヒップから背骨を一つひとつ持ち上げ、ひざと肩で斜めの橋をつくる。肩甲骨も床から離す。4つ数えたら肩甲骨から順番に背骨を下ろして1に戻る。

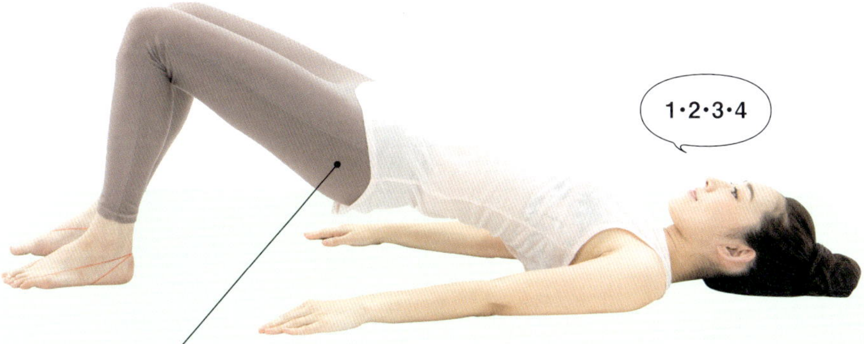
1・2・3・4
ヒップをしっかり
寄せるように力を入れる

つま先を伸ばす
1・2・3・4

できる人は…

片足を上げる

ヒップに力を入れたまま、片足を背中と一直線になるように上げて4つ数える。2のポーズへ戻って4つ数える。

3
MORNING

目覚めたら3

片足バランス呼吸

1呼吸ずつ
左右1セット
×3回～

1 うつ伏せになる

腕で上体を支える。ひじの角度は90度で。

息を吸う
おへそを引っ込めるように、
ウエストラインあたりから持ち上げる

POINT

- 骨盤は床からはなさないように。
- 呼吸をとめずに行うこと。

ねらい

- 大殿筋・ハムストリングス脊柱起立筋などに刺激を与え、女性らしくしなやかでピッと伸びた背筋を整える。ヒップアップ効果も

※注意
腰に不安がある人はドローイン（おへそを引っ込める）を意識して。痛みや違和感を感じたらやめましょう。

2 息を吐きながら片足を上げる

脚を上げる角度はももから浮く感じがあれば十分。１呼吸したら１に戻る。

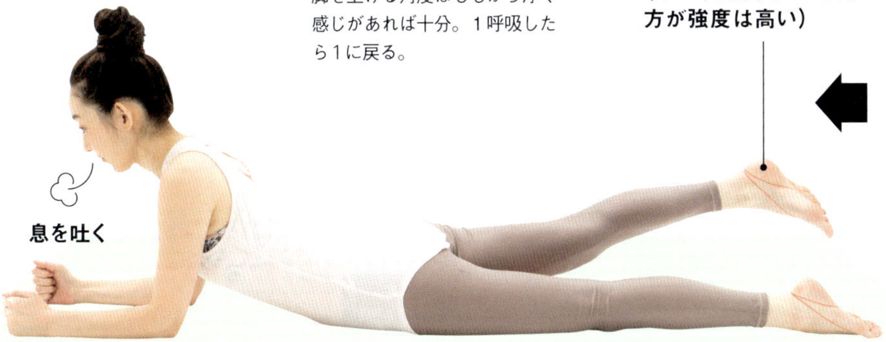
１呼吸分キープ（ゆっくり長くキープした方が強度は高い）
息を吐く

4
MORNING

歯磨きしながら 股関節回し

左右1セット ×4回

1 股関節から片足を外旋

まっすぐに立ち、片足に重心をかけ、反対側の脚はつま先で立つ。付け根から外側へとゆっくり回す。

ねらい

- 股関節まわりの筋肉をゆるめ、血流改善や骨盤のゆがみを整える。

POINT

- 脚の付け根からゆっくりと回す。
- 脚の付け根の周りの筋肉を意識する。

NG

- ひざから回さない。
- 足首に力を入れない。

2 股関節から片足を内旋

内側へゆっくり回す。

5

MORNING

掃除しながら ランジ

左右1セット ×3回

Start

基本姿勢

背筋を伸ばして両足をそろえて立つ。

1 脚を大きく踏み出す

ねらい

- ランジ（lunge）とは、主に大殿筋と大腿四頭筋、ハムストリングスに刺激を与えるトレーニング。

2 腰を落とす

右足を90度に曲げ、腰をぐっと落とし左足を床につける。

できる人は…

前に1歩 踏み出して立つ

左足は後ろへ気持ちよく伸ばす（足指は立てる）。

POINT

- 腰を落としたとき、ひざの角度は左右いずれも90度に曲げるのが理想。（ただし、ひざが不安定なときは無理をしない）
- エクササイズを通して、背中はまっすぐ、カッコよく。

6
MORNING

着替えをしながら1
ストッキングストレッチ

左右
1~2回

Start

太ももと胸を密着させてバランスをとり、両手で左足首をつかむ。

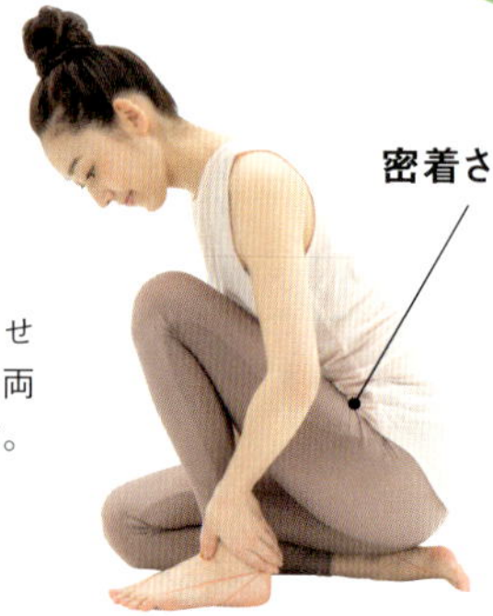
密着させて

1 ゆっくりヒップを浮かせる

太ももと胸が離れないようにゆっくりヒップを浮かせる。

ももやふくらはぎの裏を意識して
呼吸をしながら

MoKoMiの美脚日記
今日は先輩の営業のお手伝いです でも…?
コッ コッ
いっっっっ!!
先輩ちょっと待って待って…
……?
うわ〜〜ん
モコ モコ
足が…もう…限界!!
モコミ!! 10キロ歩いた位で何なの? あと路上で泣かない! パンツを見せない! 靴をぬがない!!
だってぇ〜
すらっ
うわ〜ん!
先輩は足なんともないんですか!?
私はコレを使ってるわよ
モコモコしないしスッゴク楽なの
アシピタ!
ぴた?
その夜…
これがアシピタね どれどれ…
はき はき
あっ ぜんぜん しめつけないんだ!
しばらくすると…
ポカポカ〜
なんか足あったかい!!
いつも足が冷えるのに
使い心地が良いので続けてみました
♪
数日後
モコミー!! ちょっといいかしら?
くるっ
はい!!
あらっ足…ちょっとすっきりした?
ハイ そうなんです これで私もデキる女ですね
それよりコレ
ぱんっ
印刷ミス
コピーし直してきます——!!
おお…軽やかな足どり
モデルウォーク♫
さすがアシピタ!
キュッとスッキリ
すっきり美脚♥
おわり

アシピタ
ashipita

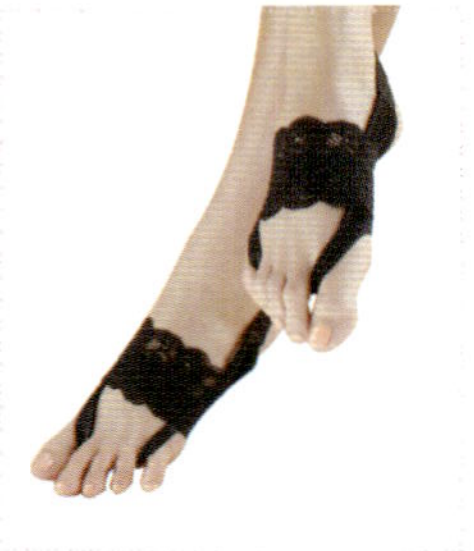

ブラック
¥3,990(税込)

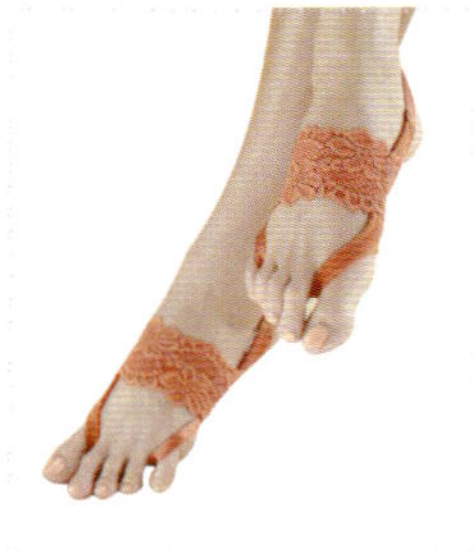

オレンジ
¥3,990(税込)

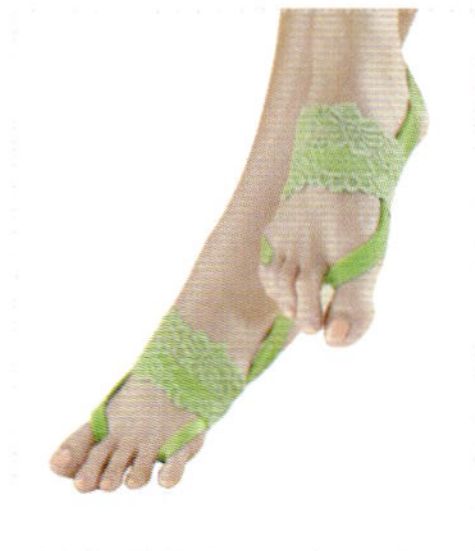

グリーン
¥3,990(税込)

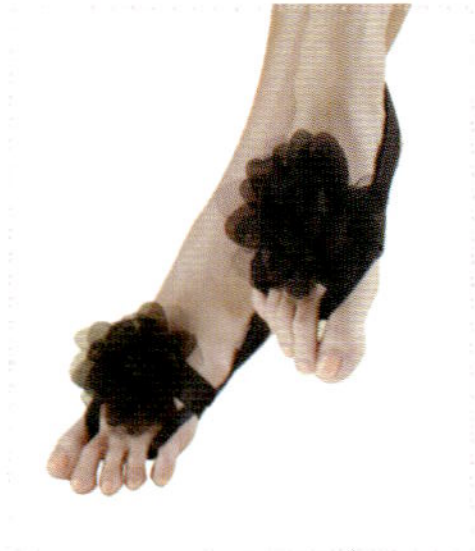

コサージュ
¥4,860(税込)

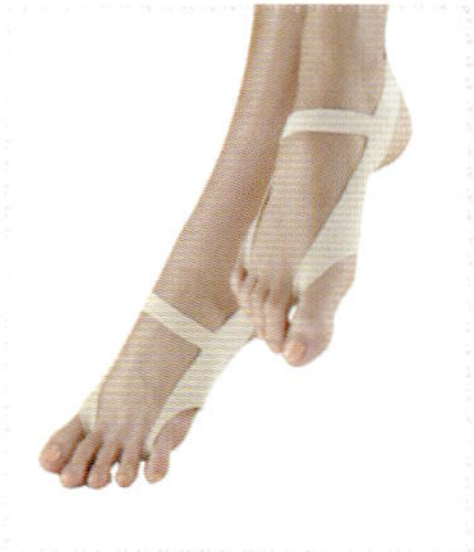

ワンタッチ　ベージュ
¥5,800(税込)

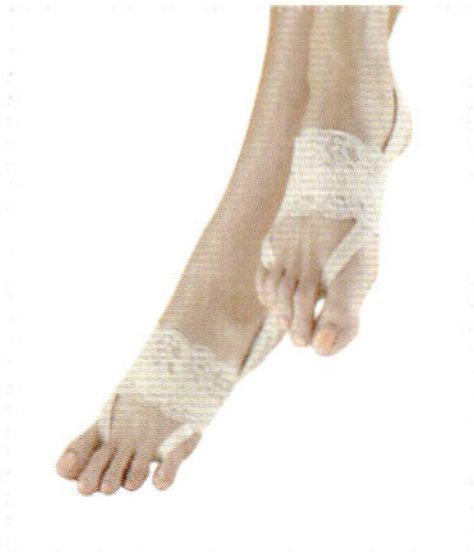

ベージュ
¥3,990(税込)

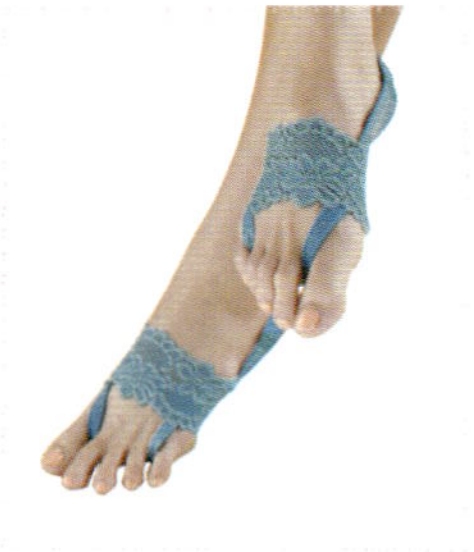

ターコイズブルー
¥3,990(税込)

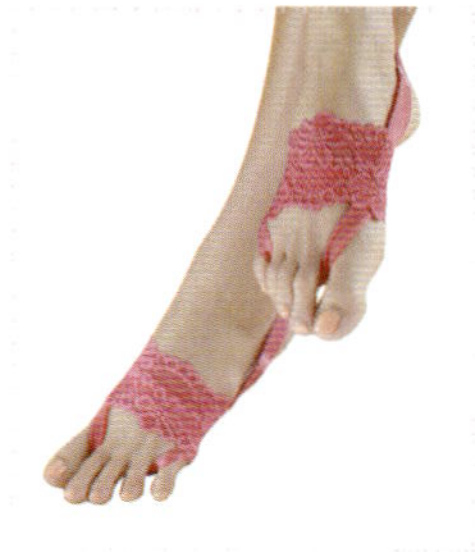

レッドピンク
¥3,990(税込)

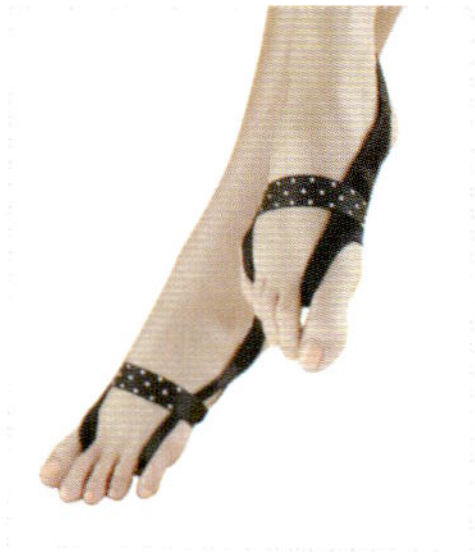

スワロフスキー
¥4,860(税込)

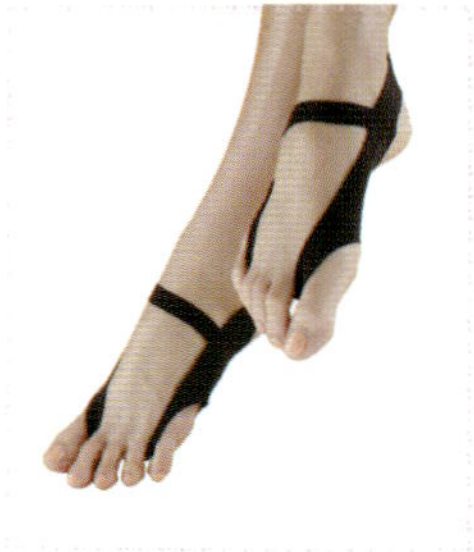

ワンタッチ　ブラック
¥5,800(税込)

消費税改定により値段は変更となる場合があります。

締めつけないから優しく
暖かく気持ちいい

美脚 アシピタ ashipita 美Body

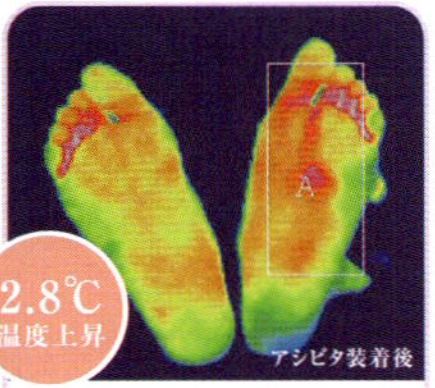

足が温か・スッキリ

カラダの自然な運動から足を温め、脚のモヤモヤ・ふっくらをスッキリしてかかともしっとり滑らかに

美脚・美姿勢

足底アーチのクッションが正常に働くことで、カラダのバランスを安定させスッキリ美脚と美姿勢に

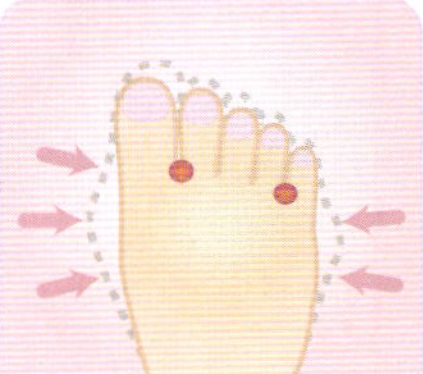

足の悩みスッキリ

指がしっかり開いて足が正常に働くことで、女性特有の足の悩みをスッキリ気持ち良く

靴もはけちゃう

アシピタを履いたままでもサンダルやヒールまで履けちゃう。いつもキレイで、可愛いオシャレ・アイテム

Model ペトラ・クラディフォア

アシピタ 美脚 Body

「あたたかいから、気持ちいい」

足の指の間に適度な気持ちのいい刺激を与え自然なエクササイズ、カラダの基礎的な働きで女性特有の足の悩みを解消、「温かい気持ちいい足」にして、足を安定させるバランス効果とカラダの緊張をほぐすリラクゼーション効果で美しい「美脚」とキレイなカラダの「ボディーライン」をメイク、履いた感じもおしゃれでソフト、締めつけないのでとっても優しく、新感覚であなたの脚とカラダを美しく健康にサポート。

こんな時に…

ヨガ・ダンスなどの美容シーンに。エステなどのリラクゼーションタイムに。乗り物での長い移動デスクワーク・立ち仕事・・就寝時の足の冷えなどのライフシーンに、ウォーキング・ゴルフテニス・登山などのスポーツシーンに、お使いください。

サイズ S, M, L
左右1組入り

品質表示
ナイロン
ポリウレタン
綿（アシピタベイシックのみ）

[製造・販売元]
岩正織物株式会社
〒450-0002
愛知県名古屋市中村区名駅5-16-17

アシピタ 検索

アシピタ
ashipita

2 徐々にひざを伸ばす

気持ちのよいところで10〜15秒キープ。

できる人は…

写真は初心者向けに片足ずつ行う方法だが、できる人は両足でしゃがんで行う。

POINT

- 呼吸を止めず自然な呼吸を心がけて、ゆっくり行う。
- できる人は両足でしゃがんで行ってもOK。

NG

- 立ちくらみやめまいをおこしやすい人は注意。起き抜けに行わない。

ねらい

- 前もも、裏もも、ふくらはぎなど下肢のさまざまな筋肉に刺激が入り、柔軟性の向上とスッキリとした脚のラインに。

7

MORNING

タンゴ

着替えをしながら2

左右2セット × 3〜5回

Start

何かにつかまってもOK。

1 体を開く

肩を開くように
息を吸いながら
左足はやや開く
右足を軸に

2 ウエストを絞る

息を
吐きながら
できるだけ
体にくっつけて
左足を
上げる

3 ウエストの反対側も絞る

脚をかえて右ひざを引き上げる。息を吐きながら1のポジションに戻る。左右ともに行う。

息を
吸いながら
右手を
振り上げる
右足を
上げる

ねらい

- ダイナミックストレッチング(Dynamic Stretching)では、前側の縮む筋を意識することで裏側の筋肉がのびて、全身のしなやかな動きを引き出す。

POINT

- 1呼吸ずつ行う。
- はずみをつけずにスローで動く。できる範囲で。

COLUMN

2

予備運動でさらに効果アップ

エクササイズの前に、予備運動で体を正しい位置に戻すことで、
効果はさらにアップします！
同じ姿勢を取り続けたあとにも、おすすめの運動です。

普段、スマホやパソコンでうつむきがちな姿勢ではありませんか？　知らず知らずのうちに、姿勢はどんどん偏ってしまいます。そこで、ぜひやっていただきたいのがエクササイズ前の予備運動です。体をニュートラルな状態にリセットすれば、エクササイズの効果はさらにアップします。

また、仕事や家事の合間にできる簡単なストレッチなので、ちょっとしたすき間時間に、ぜひトライしてみてください。正しい姿勢は、良い印象を与えるだけでなく、体のバランスを整え、健康的に美しく見せてくれます。

立位の骨盤ニュートラル

体を一直線にすることで、呼吸も楽になりリラックス効果も。

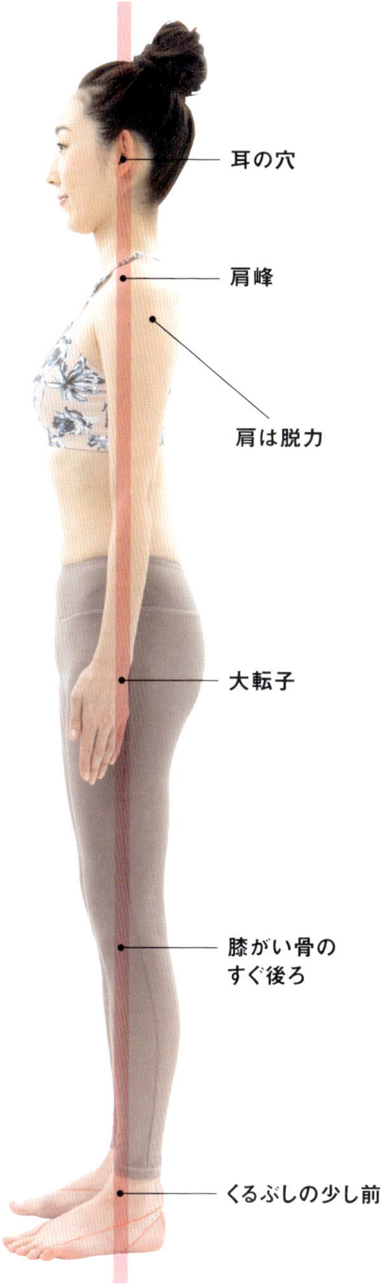
耳の穴
肩峰
肩は脱力
大転子
膝がい骨のすぐ後ろ
くるぶしの少し前

1 足を肩幅に開いて一直線になるように立つ

2 姿勢を保ったまま、2〜3呼吸を繰り返す

POINT

- 壁に背をつけて行ってもよい。そのときは、かかとを2〜3cm壁より前に。

座位の骨盤ニュートラル

悪い姿勢で丸まった背骨を
正しい位置にリセットします。

1～2を
1呼吸
1セット
×3～5回

あごを引きながら、
おへそを
のぞきこむように

ひざの間は、
にぎりこぶし
1.5～2個分あけて

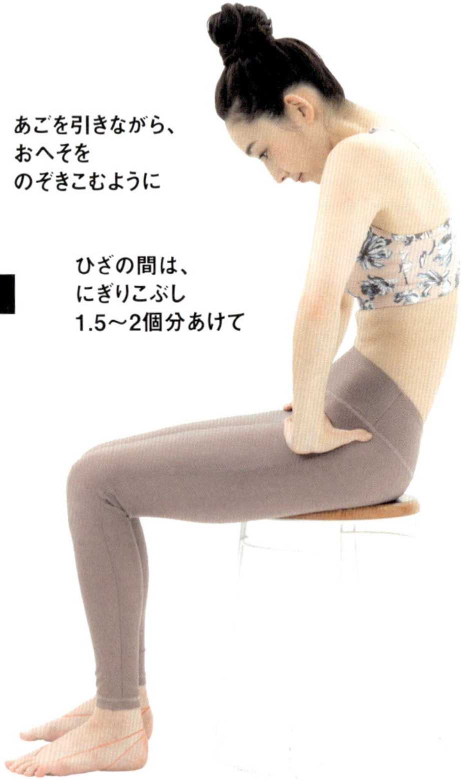

背中を
ゆるめながら

1 背中をCカーブに

椅子に軽く座り、あごを引き、おへそをのぞきこむ要領でCカーブをとり、背中をゆるめる。

郵 便 は が き

料金受取人払郵便

代々木局承認

7172

差出有効期間
2020年12月
31日まで

151-8790

203

東京都渋谷区千駄ヶ谷4-9-7

株式会社 幻冬舎メディアコンサルティング

「輪ゴムdeながら美脚術」係行

お名前（ふりがな）　□男 ・ □女	
ご住所 〒	
メールアドレス	
生年月日　年　月　日	ご職業
業種	役職

ご記入いただいた個人情報は、許可なく他の目的で使用することはありません。

1 本書を知ったきっかけは？ あてはまる答えに○を付けてください。

a 書店で見て
b 新聞で見て（掲載紙名 　　　　　　　　）
c 知人にすすめられて
d 雑誌で見て（掲載誌名 　　　　　　　　）
e プレゼントされて
f インターネットで見て（ HP ・ メルマガ ・ ブログ ）

2 本書を購入された理由は？ あてはまる答えに○を付けてください。（複数回答可）

a タイトルにひかれた
b 内容・テーマに興味があった
c 著者に興味があった
d デザインにひかれた
e 話題となっているから
f 値段が手頃だった
g その他（ 　　　　　　　　）

3 本書の評価は？ あてはまる答えに○を付けてください。

タイトル	a 非常に良い	b 良い	c 普通	d 悪い	e 非常に悪い
デザイン	a 非常に良い	b 良い	c 普通	d 悪い	e 非常に悪い
内容	a 非常に良い	b 良い	c 普通	d 悪い	e 非常に悪い
価格	a 非常に安い	b 安い	c 普通	d 高い	e 非常に高い

4 好きな本のジャンルは？ ＿＿＿＿＿＿＿＿＿＿

5 本書の感想をご自由にお書きください。

お寄せいただいたご感想を広告等に掲載してもよろしいですか？

□実名で可　□匿名なら可　□不可

ご協力ありがとうございました。

郵 便 は が き

料金受取人払郵便

代々木局承認

7172

差出有効期間
2020年12月
31日まで

151-8790

203

東京都渋谷区千駄ヶ谷4-9-7

株式会社 幻冬舎メディアコンサルティング

「輪ゴムdeながら美脚術」係行

お名前（ふりがな） □男 ・ □女	
ご住所 〒	
メールアドレス	
生年月日 年 月 日	ご職業
業種	役職

ご記入いただいた個人情報は、許可なく他の目的で使用することはありません。

1 本書を知ったきっかけは？ あてはまる答えに○を付けてください。

a 書店で見て
b 新聞で見て（掲載紙名　　　　　　　　）
c 知人にすすめられて
d 雑誌で見て（掲載誌名　　　　　　　　）
e プレゼントされて
f インターネットで見て（ HP ・ メルマガ ・ ブログ ）

2 本書を購入された理由は？ あてはまる答えに○を付けてください。（複数回答可）

a タイトルにひかれた
b 内容・テーマに興味があった
c 著者に興味があった
d デザインにひかれた
e 話題となっているから
f 値段が手頃だった
g その他（　　　　　　　　　　　　　　　　）

3 本書の評価は？ あてはまる答えに○を付けてください。

タイトル	a 非常に良い	b 良い	c 普通	d 悪い	e 非常に悪い
デザイン	a 非常に良い	b 良い	c 普通	d 悪い	e 非常に悪い
内容	a 非常に良い	b 良い	c 普通	d 悪い	e 非常に悪い
価格	a 非常に安い	b 安い	c 普通	d 高い	e 非常に高い

4 好きな本のジャンルは？ ＿＿＿＿＿＿＿＿＿＿＿＿＿＿＿＿

5 本書の感想をご自由にお書きください。

お寄せいただいたご感想を広告等に掲載してもよろしいですか？

□実名で可　□匿名なら可　□不可

ご協力ありがとうございました。

POINT

- ももとひざの角度を直角に。足の裏が浮かないよう足台などで高さを調節して。

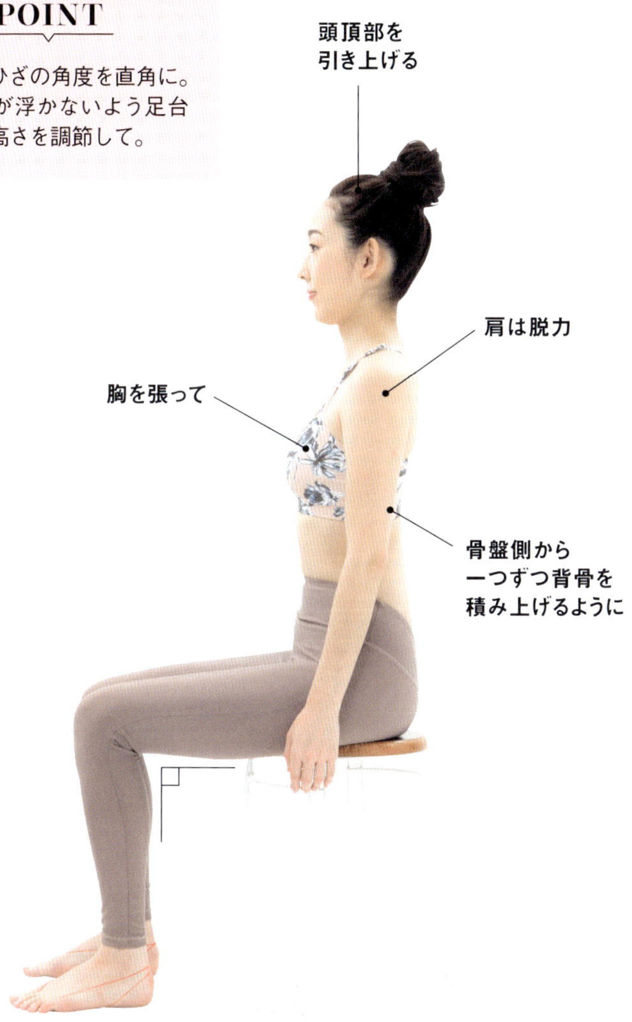
頭頂部を
引き上げる
肩は脱力
胸を張って
骨盤側から
一つずつ背骨を
積み上げるように

2 よい姿勢へ

次に骨盤のある下側から背骨を1つずつ積み上げるように腰を立てていき、胸を張って頭頂部を引き上げる。

白鳥の羽ばたき

腕を鳥のように羽ばたかせることで、肩や首の凝りもほぐします。

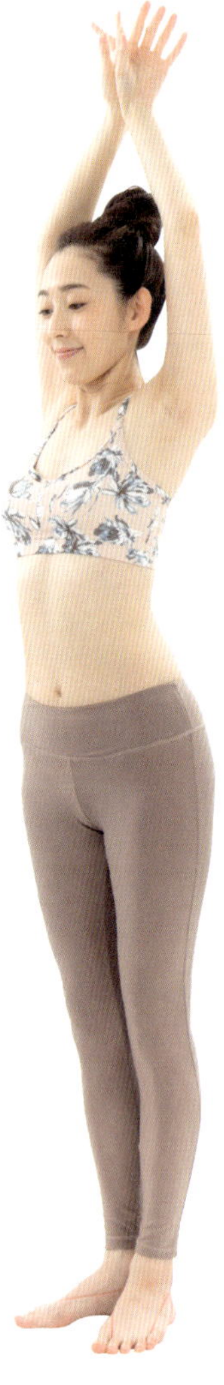

1 手を羽のように広げて上へ

かかとはつけ、つま先は少し開いて立つ。手を上げて、あごを引き目線は下に。

POINT

- 深い呼吸で、腕全体が１枚の大きな羽になったようにゆったりと大きく動かして。

腕の上げ・下げ1セット × 4回

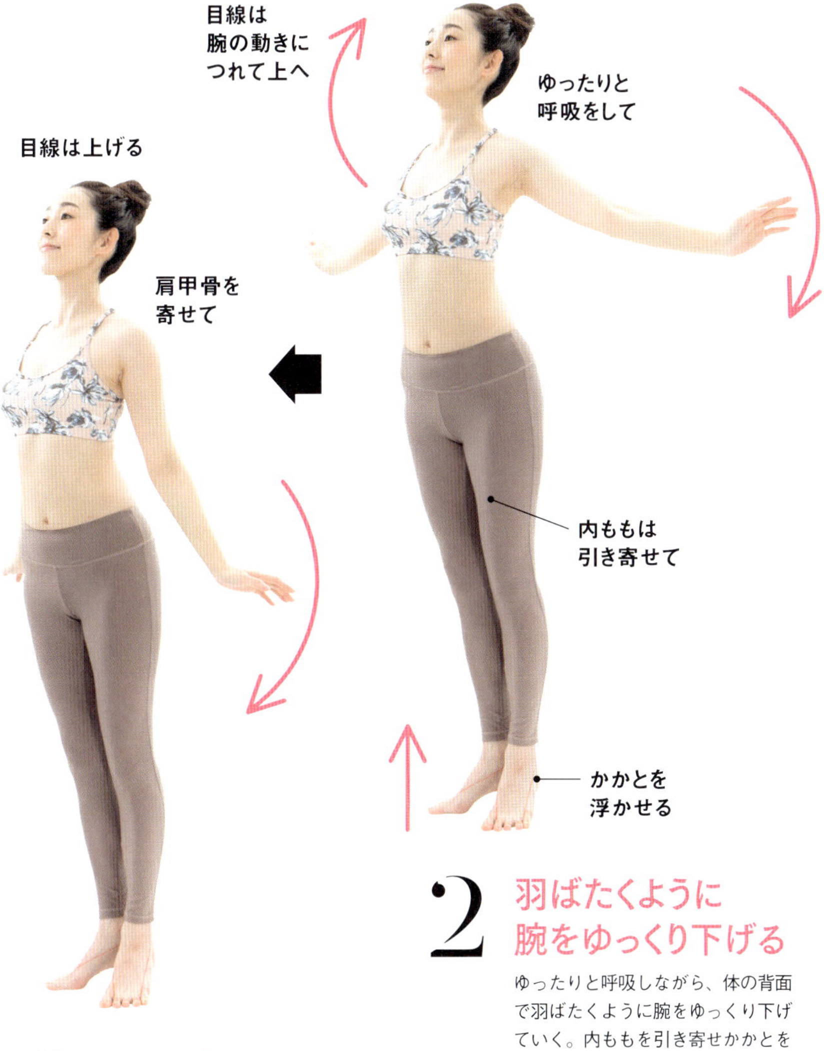

2 羽ばたくように腕をゆっくり下げる

ゆったりと呼吸しながら、体の背面で羽ばたくように腕をゆっくり下げていく。内ももを引き寄せかかとを床から浮かせる。手の動きにつれて目線を上げる。

3 背伸びをしながら腕を下げる

背伸びをしながら腕を下げ、肩甲骨を寄せる。目線は上。逆の動きで羽ばたくように1に戻る。

1

EVENING

料理をしながら かかと落とし

10回

1 かかとを上げる

バランスをとりながら。

内ももを
軽く締める
つま先立って
バランスをとる

2 かかとをストンと落とす

体に振動がくるように。

ねらい

- ふくらはぎの伸縮で代謝を促進し、骨盤底筋の引き上げ、さらに振動が全身の骨に伝わることで骨密度アップ。

POINT

- ぐらつきのないよう、かかとはそろえて上げる。
- リラックスして、全身の骨に振動を与えることをイメージして。

2

EVENING

ツイスト鼻呼吸

テレビを見ながら1

左右1セット × 2回

Start
姿勢良く座る

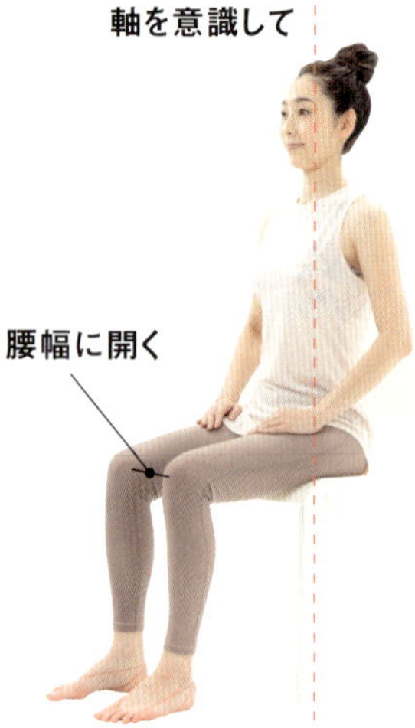
軸を意識して
腰幅に開く

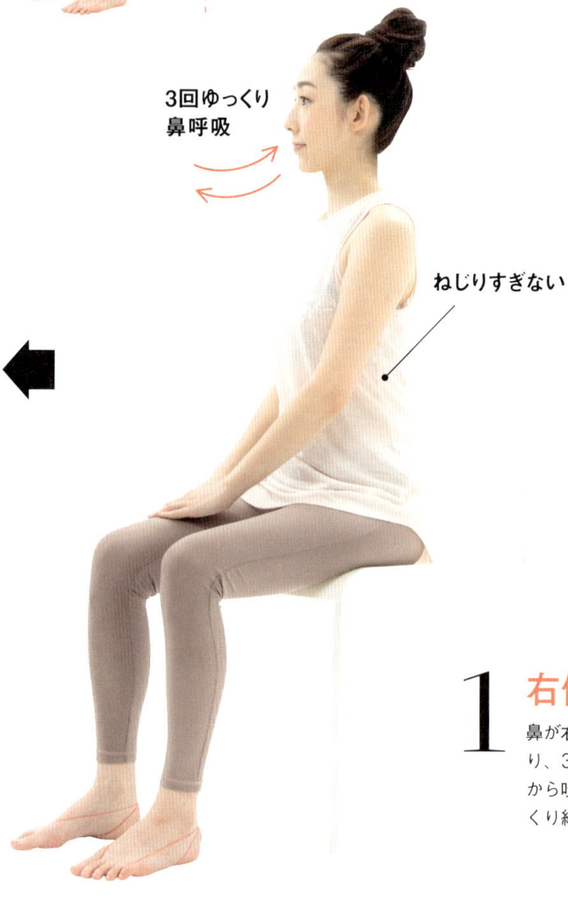
3回ゆっくり
鼻呼吸
ねじりすぎない

1 右側へひねる

鼻が右ひざに向くよう上体を右側へひねり、3回ゆっくり鼻で呼吸する。息を鼻から吐くとき、ウエストが内側からゆっくり絞られ、細くなる動きを感じて。

POINT

- 「利き手」など習慣の中で生じる左右差をリセットする運動。
- 正しいフォームは、けっこうキツく感じるはず。

ねらい

- インナーマッスルに呼吸でアプローチ。脇腹の斜めの筋肉の動きを意識しながら行うことで、ウエストが引き締まる。

NG

- ひねりすぎないこと。片側のヒップが浮いたり、ひざが寄ってきたら、ひねりすぎのサイン。自然に呼吸を行える範囲で。

2 左側へひねる

上体を左側へ20〜30度ひねる。3回ゆっくり鼻で呼吸。

3

EVENING

テレビを見ながら2

美尻スタティックストレッチング

左右1セット

1

まっすぐな姿勢で座る

左足を直角に曲げて「4」の字に組むよう左足首を右ひざにのせる。

※注意
曲げたひざに違和感を感じる場合は、中止してください。
のせる側の足は、甲や足先をのせない（くるぶしあたりをのせる）。

POINT

- 重要な２つの筋肉（大殿筋・中殿筋）を効果的に刺激できる。
- かがんだときも背筋を伸ばし、目線は前方に。

ねらい

- 体中で一番大きい筋肉の大殿筋、歩行に大切な中殿筋を柔らかく保つことで代謝アップ、キビキビ動ける美しいヒップラインをキープ。腰痛予防にも。

2

上半身を倒す

そのままの姿勢で上半身を前方へと軽く倒して15秒キープ。

ココに効く!

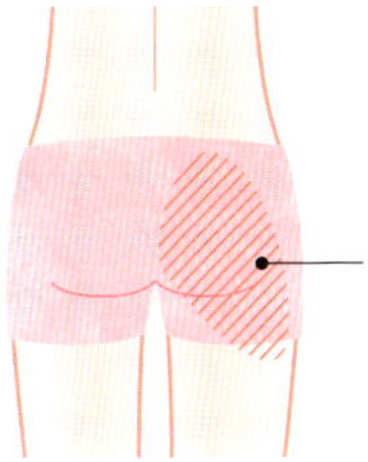

3

脚の押さえる位置を外側へ移動

さらに腕を移動させ、15秒キープ。左右ともに行う。

ココに効く!

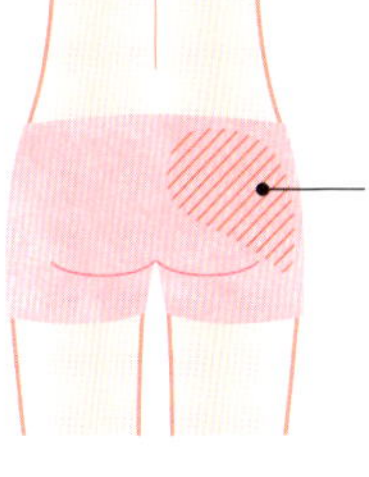

4

EVENING

音楽を聴きながら 手足のツボ刺激

左右1セット ×3回

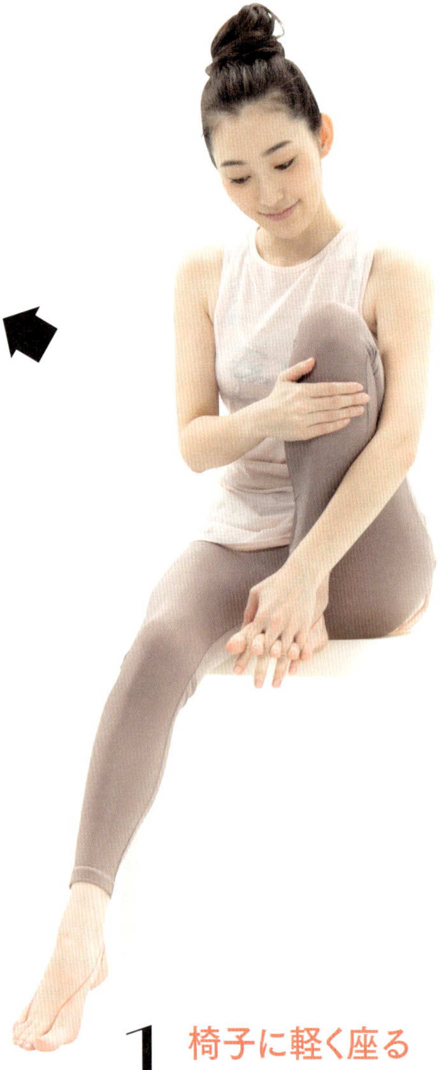

1 椅子に軽く座る

左手で左足のつま先を持ち上げ、ひざを右手で支える。手の指を、足指の間に１本ずつ挟み込む。

ねらい

- 手や足にはたくさんのツボがある。血液やリンパの流れを促し、全身のバランスを整え、むくみスッキリ。

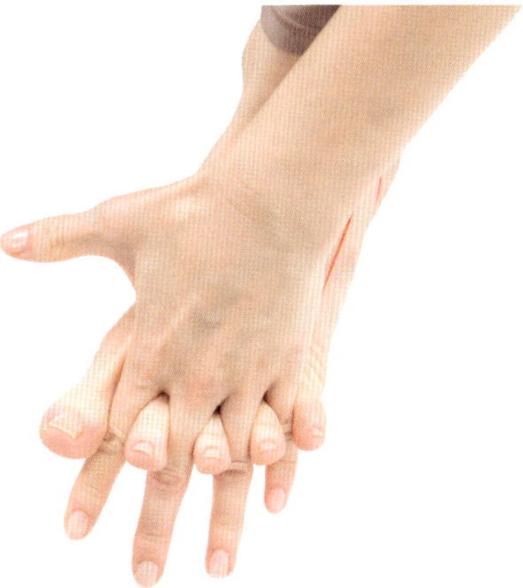

2 足指を挟み込んで開く

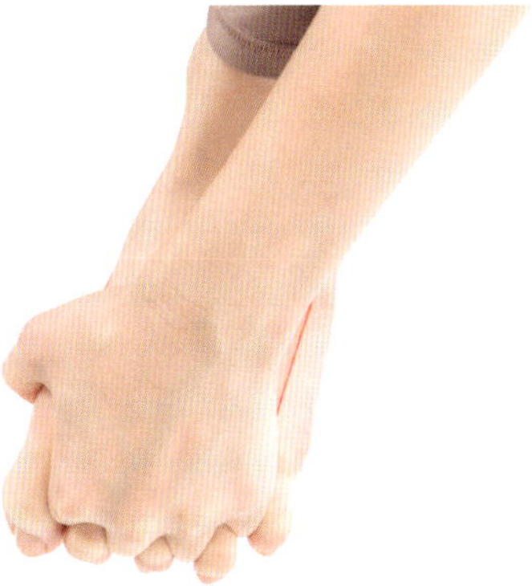

3 足指の間のツボを握って刺激。左右ともに行う

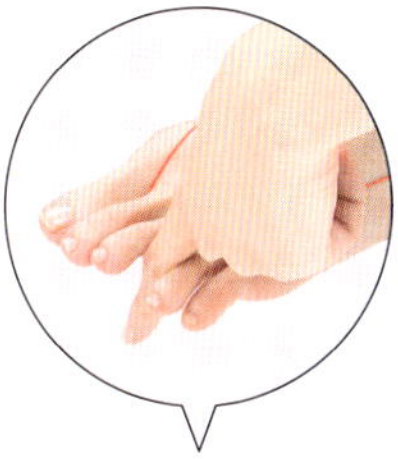

すべての指が入らない人は

ゆっくり１本ずつ入れる。親指と人差し指の間、小指と薬指の間、もしくは入りやすいところに入れるだけでもOK。

POINT

- 冷えや外反母趾の予防にも効果的。
- 指を入れないほうの手で、ひざを支えるとバランスがとれる。
- 手の指を足指の間に挟み込んで「グー・パー」を繰り返すとさらに効果的！

5
EVENING

パソコンを見ながら こじりよじり

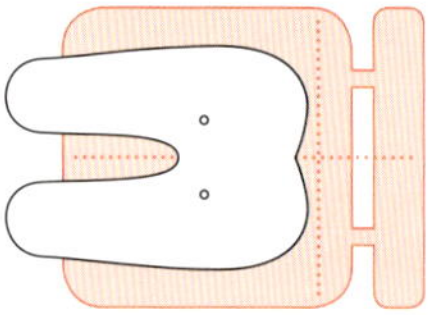
スタンバイ

左右1往復 ×2回

ねらい

- 小さくヒップをよじる動きで、骨盤や腰回り下肢の筋群のバランスを整え、骨盤矯正、腰痛予防、下半身の引き締めに。

1 椅子にまっすぐ座る

つむじから天上に吊り上げられているイメージで。

2 前進する

ヒップの左右の坐骨に交互に体重をのせ換える小さな動きで前へ。

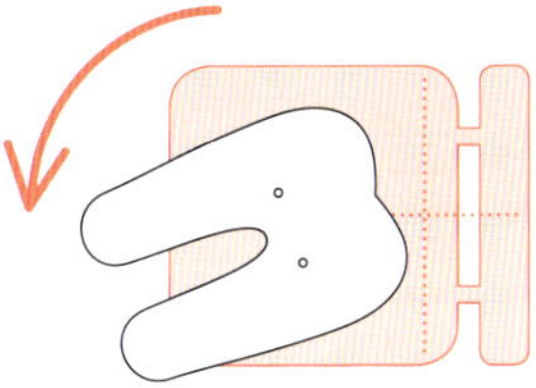

右ヒップを前へ

「ヒップで歩く」要領で、左右の坐骨に体重をのせ換える。

②

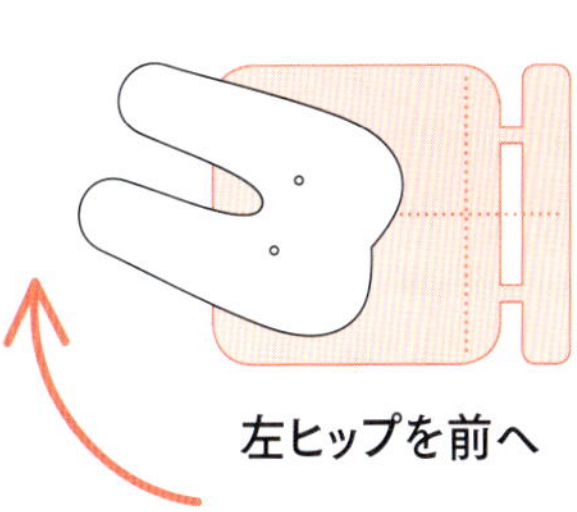

左ヒップを前へ

③

④ 3→2→1へバックで戻る

スタートを左右反対にして1〜4を行う。

POINT

- 「左右の坐骨に交互に体重をのせ換える」イメージで行う。
- たくさん進む必要はなく、小さな動きでOK。重心移動を意識して。

1
NIGHT

お風呂で1
ハムストリングスのストレッチ

左右1セット

②脚の付け根の角度を
保ったまま、
足首を上に開き、
ひざをゆっくり伸ばす。

①右ひざを曲げ、
体に引き寄せる。
ひざは
伸ばしきらなくてもOK

※注意
上の写真では右足が伸びた状態で行っていますが、左の写真では脚のひざが伸びていなくてもOK。脚が上がりにくいときは、両足を曲げた三角座りの状態から片足を持ち上げ、ひざを伸ばす方法からチャレンジ（脚を支える腕は左右どちらでも大丈夫。やりやすいほうで）。

NG

- すべるときは注意。バスタブ内で姿勢を崩すと危険（転倒や溺水に注意）。
- 脚や腰にしびれや違和感がある場合は、中止。

POINT

- 胸を張ると伸び感がアップ。足に手が届きにくいときや、手がすべるときは、タオルをかかとに引っかけて、引っ張ってもOK。
- 太もも裏の筋肉・ハムストリングスが気持ち良く伸びていることを意識して。

ねらい

- お湯で温まり、筋肉が柔らかい状態でハムストリングスを伸ばす。可動域の改善、スタイルアップ。

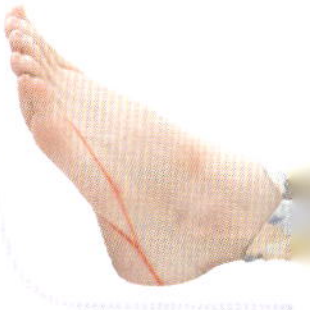

呼吸しながら
10～15秒間
キープ
気持ちの良い伸び感でストップ
伸び感を意識

ひざが伸ばせない人は…

太ももをより近く引き寄せて

気持ちの良い伸び感が出たら、10～15秒キープ。

2
NIGHT

お風呂で2
肩まわり・腰まわりのストレッチ

1セット〜

ゆっくり腰を浮かせる

バスタブの中で正座したら、両手をうしろにつき、ひざをつけたまま、ヒップを持ち上げていく。お腹を引っ込め、腰が反らないように体を一直線にキープして2〜3呼吸。

ねらい

- 温かいお風呂で、浮力を用いて難度の高いポーズにも楽にチャレンジ。肩まわり、腹部や腰、太ももからひざ、足首までに刺激が入り、足のむくみや足腰の疲労を緩和。胃腸の働きを促し、便秘や生理痛をやわらげる。

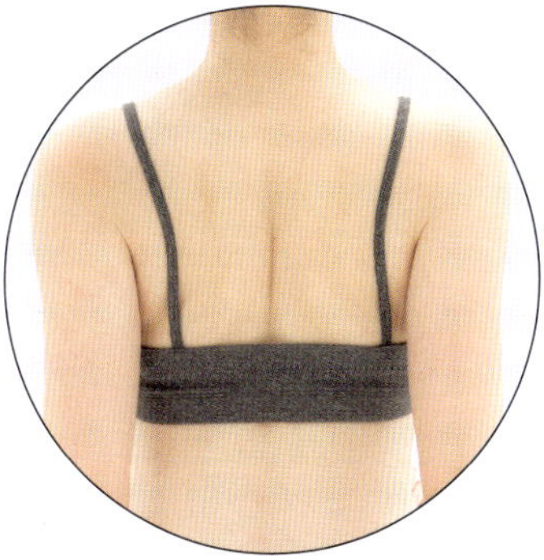

肩甲骨は
寄せすぎないよう

POINT

- ヒップを上げるとき、お腹を軽く締める。
- 胸や腰だけを反らせると、腰に負担がかかるので注意。

CHECK

- 肩甲骨は寄せすぎない。左右の肩甲骨の間に手のひら１枚分くらいの間隔を保つと良い。
- ひじの反りすぎに注意。ひじに痛みが出やすい人は、軽くひじを曲げた状態で行う。

お腹を
引っ込める

※すべるときは注意。バスタブ内で姿勢を崩すと危険（転倒や溺水に注意）。

3
NIGHT

眠る前に1
骨盤ゆすり

左右1セット ×10回〜

1 ひざを立てて仰向け

全身リラックスして
ひざを立てる
手の平を下にして仙骨の下へ

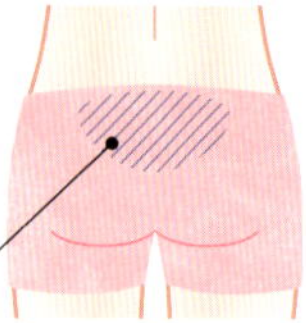

仙骨とは?

背骨の一番下にある大きな三角形の平たい骨。子宮や泌尿器などの内臓、腰まわりの血行に関わる8つの重要なツボがある。調子を整えることで血流が良くなり、神経の働きも整い、心身ともに元気になる。

POINT

- 「手のぬくもりで温め、ゆする」くらいで OK。「骨盤がゆるんで動くこと」を感じながら、力まずにゆらして行う。

※注意
肩の故障などで両手を背中にまわすのがツラい方は、片手もしくは電子レンジで温めた蒸しタオル（適温）を折りたたみ、手の代わりにしてもOK。

2 腰を左右にゆする

腰を左右に小さくスライド。

4
NIGHT

眠る前に2

左右にひざ倒し

左右1セット ×5回～

1 仰向けで両ひざを立てる

POINT

- 力を抜きゆっくり動かす。
- 骨盤は傾けず、腰が浮かない範囲で小さくゆらす。
- 自然な呼吸でリラックスして。

ねらい

- 一日の生活動作の中で生じる筋のアンバランス、骨盤のゆがみをゆるめて戻し、リラックス。より質の高い眠りへ。

2 左右にゆっくり倒す

腰が浮かないよう、両足はそろえたまま、ひざを左右に傾ける。

5
NIGHT

眠る前に3

全身のストレッチ

左右1セット

1 右向きに寝る

左足は
引き上げる
呼吸を
しながら
腕は肩の
高さで揃える

POINT

- 姿勢をキープするとき、呼吸を止めないようにする。
- 一部分に強い負荷がかからないよう、分散してひねること。

ねらい

- 一日の終わりに全身を整えて。

2 呼吸をしながら腕を反対側へ

気持ちの良い角度で止める。
反対側も同様に行う。

呼吸をしながら
ゆっくりと
左腕と顔を
反対側へ
15〜30秒キープ

ながらOKだから、続けられた体験者の声

毎日エクササイズを
続けるうちに、むくみが
激減。おまけに、脚が
疲れにくくなった！

30歳になった頃から、
ひどくなってきた脚のむくみ。
でもエクササイズで解消した！

冷房のきいた部屋にいるときや、
キッチンで長時間立ち仕事をするとき。
合間にエクササイズをすると、
冷えやむくみがなくなった！

ひどい冷え性で悩んでいたけれど、
エクササイズを習慣にしたら
寒い時期も快適に過ごせた！

血行が改善したせいか、
冷え性が解消し、毎年悩まされていた
しもやけまでなくなった！

むくみが解消したうえ、
3カ月のエクササイズ習慣で
脚のゆがみまで矯正された！

COLUMN

✽ 3 ✽

エクササイズ監修・藤野先生が語る！成功の秘訣

エクササイズに限らず、何かを続けることは、
それだけでも本当にすごいこと！
成功の秘訣とはどんなことなのでしょうか？

やせるために、さまざまなエクササイズや運動を試したことがあるなら、きっと誰もが経験したことのある「挫折」。

美しくなるためとはいえ、続けるのは強い意思が必要なのではと思っていませんか。

目標が高ければ高いほど頑張ろうと力みがちですが、無理はむしろ禁物のようです。

エクササイズ監修の藤野先生は「自分を褒めること・素直になること・ありのままでいること、そしてなにより楽しむことが大切」と語っています。

エクササイズで
美脚を手に入れる極意

1 今の自分を褒める

ながらで
美脚にしてくれて
ありがとう!

例えば……未来の自分からの
手紙を書いて貼る

2 素直な体に感謝する

頑張った日、疲れて休んだ日、
どっちも正解!

3 ながらでOK、と励まして自分らしくありのまま。

息するくらい自然にできることが
「当たり前にキレイ」を作る

途中で挫折してあきらめる人には３つの共通点があります。

1「いつも不満」または「心配している」人

不備や不足、欠点に目が行きやすく、まだ起きてもいないネガティブな先々を心配しています。反対に成功する人はつねに自分にOKを出しています。たった一つのことでもチャレンジした自分を堂々と褒めてあげましょう。

2「無理をする」人

毎日頑張ると決意するのは立派、でも実際のところ2日に1回でも効果があります。あなたがアスリートで限界に挑戦するため追い込む時期であるのなら別ですが、普段の生活上、何事も無理は続きません。時には「今日は、休む」決断も選択肢の一つ。できる時できることを、細くとも長く続ける習慣化こそが、成功のカギです。

3「人と比べる」人

憧れは大切ですが成功ルートは人それぞれ。他人の成功体験は≠自分。脳科学の側面からも「自分にとっての幸せ」をポジティブにイメージし、ビジョン化することが大切です。目標の定め方も例えば「やせたい」場合、体重を落としたいのか、ウエストをワンサイズダウンしたいのか、それとも全身のシルエットをシャープにしたいのか、自分の求める方向性をまず明らかにしましょう。いつまでに・どれくらいといった期限や、条件などもふまえ、具体的な目標が立てられればあなたの夢の第一歩がスタート。「夢をかなえた自分」をイメージしながら行うことで“ながら”エクササイズも更にパワーアップすることでしょう。

レッツ・エンジョイ！

笑顔と運動、心と体の両方がしなやかに
動き続けることこそが美と健康の極意。

NO MORE
HIE, MUKUMI!

CHAPTER

3

美脚だけじゃない!
輪ゴムde
手に入れる
Healthy《ヘルシー》 Body《ボディ》

「輪ゴムdeながら美脚術」のメリットは
美脚だけではありません。さまざまな体のお悩み改善に
加え、ダイエット効果も期待できます!

「輪ゴムdeながら美脚術」で気持ちも前向きに！

「輪ゴムdeながら美脚術」のエクササイズで、さっそく効果を感じ取っていただけたのではないでしょうか？　毎日のエクササイズは、体にとっての「笑顔のトレーニング」でもあるのです。ちょっと微笑むだけでも自分自身の気持ちが明るくなるように、**体はほんの少しのエクササイズでもちゃんとプラスの答えを出してくれます**。最初は一つ、二つのエクササイズでも、慣れてきたらどんどん取り入れてみましょう。**効果を実感するためにも、エクササイズ日記をつけてみたり、ブログに書く**のもいいですね。

チャプター3では「輪ゴムdeながら美脚術」の効果を詳しくご紹介するとともに、ほんの少しプラスαの心がけを行うだけで、さらに美の効果を高める方法をご紹介します。

LET'S
BE POSITIVE!

「輪ゴムdeながら美脚術」、美容面のメリット

「輪ゴムdeながら美脚術」のメリットは何といっても**血行が良くなること**。体の中や外に、さまざまなメリットが生まれます。

まず、血流によって酸素や水分、栄養素が体の隅々まで届けられるようになると同時に老廃物も排出されやすくなります（デトックス効果）。これまでのむくみや肥満が解消されるので、文字どおり**ダイエット効果**といえるでしょう。

さらに、**肌の保湿力もアップ**するのでツルツル・スベスベとなり、髪もいきいきと美しくなります。

また、足にかかる重心のバランスが改善されることで、**体幹が保たれるようになります**。偏った姿勢で負担のかかっていた部分の筋肉太りや、O脚やX脚・猫背などが解消され、**美脚とともに美しい姿勢も手に入れることができる**のです。

「輪ゴムdeながら美脚術」で理想のボディに近づきます

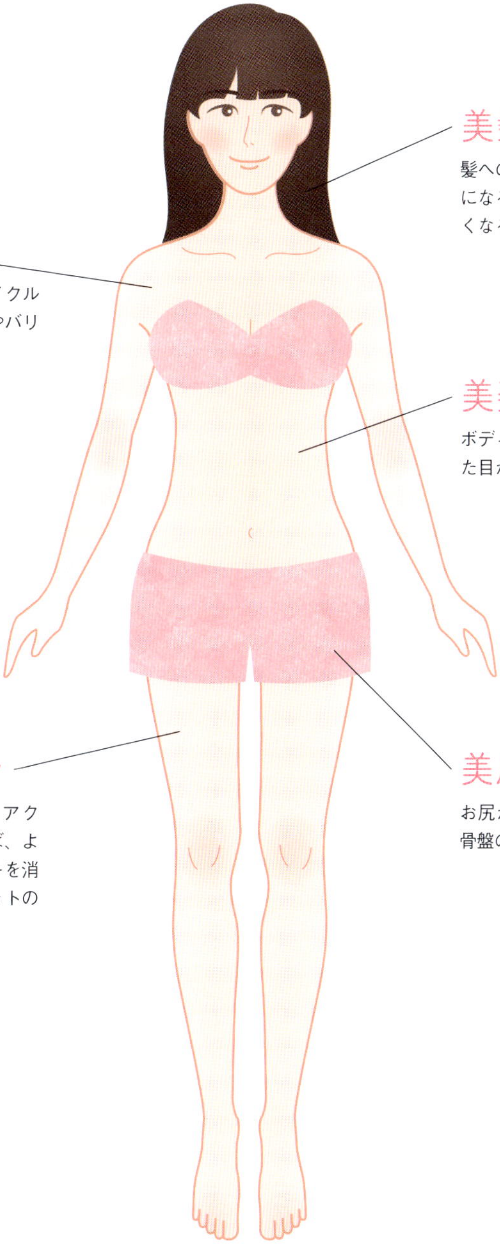
美髪
髪への栄養供給がスムーズになるため、髪が育ちやすくなる
美肌
お肌の新陳代謝のサイクルが正常化し、保湿力やバリア機能がアップ
美姿勢
ボディラインが美しく、見た目が若くなる
スリムボディ
基礎代謝が上がり、アクティブに体を動かせば、より効率良くエネルギーを消費するので、ダイエットの効率がアップ
美尻
お尻が上向きになったり、骨盤のゆがみも軽減される

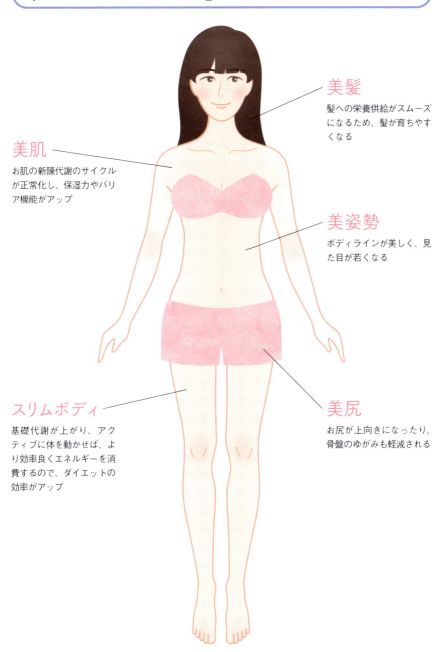

「輪ゴムdeながら美脚術」、健康面のメリット

「輪ゴムdeながら美脚術」は**美容面だけではなく、健康面にも、大きなメリット**が生まれます。

足のバランスが崩れているときは、ゆがみによって体の一部に負担がかかり、腰痛や肩こりなどの痛みとなって現れます。また、血行不良により内臓の働きが弱まったり、体温や免疫力が低下するため、体の不調や病気も起こりがちです。「輪ゴムdeながら美脚術」を行えば、**足の土台から体のバランスが正しくなる**ので、ゆがみや圧迫がなくなり、腰痛やひざ痛など、**体の痛みも改善**されます。

さらに、血行も良くなり、体温が上がることで免疫力がアップし、病気も遠ざけることができます。このように、さまざまな不調が改善されれば、**気持ちも明るく前向きに**なることができるでしょう。

このような悩みの改善が期待できます

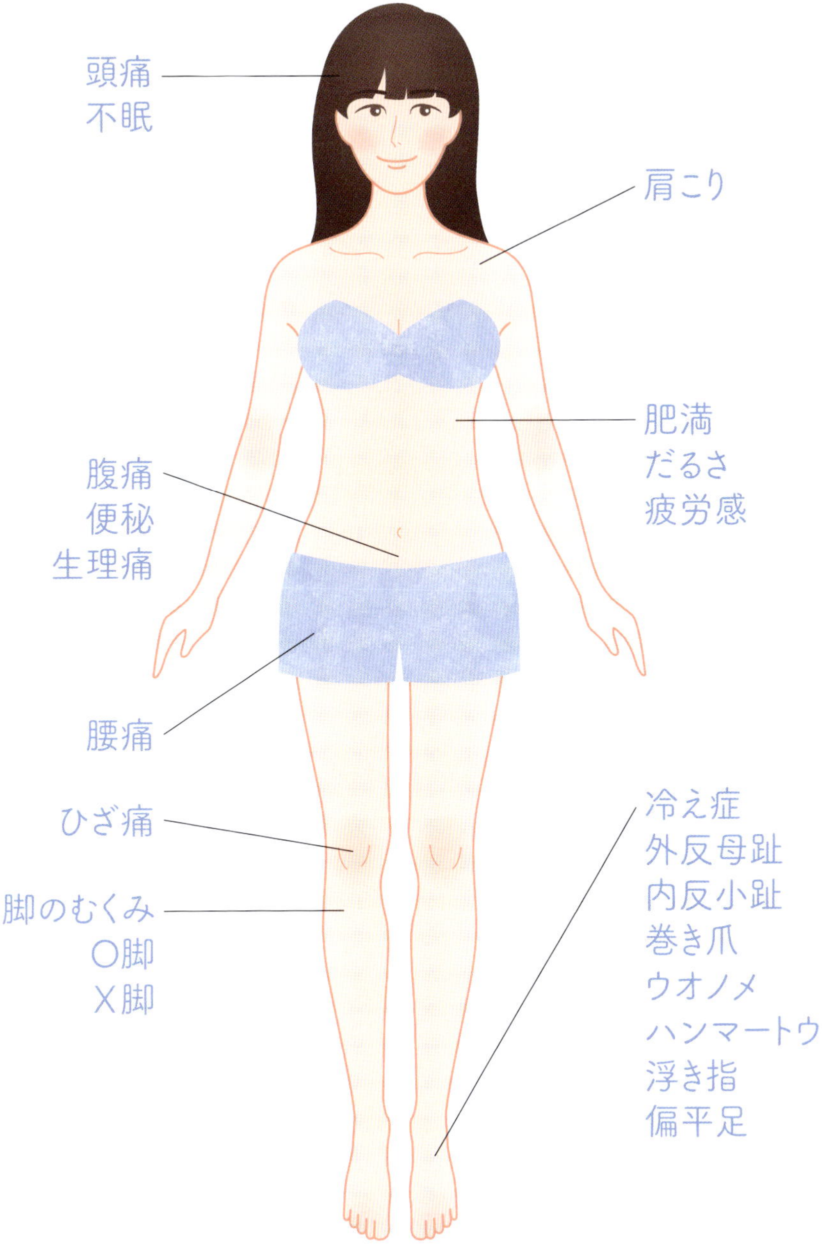

一歩先の美活習慣

本書の美脚術を実践された方は、美しく健康になるために大金を投じたり1日のうち何時間も自分磨きに費やす必要はない、ということを実感されているでしょう。

ここからは暮らしの衣食住の中から、さらに美をアップするための、ちょっとしたヒントをお伝えします。

正しい姿勢や歩き方、体に良い食事や良質の睡眠をとることも、頭ではわかってはいるけれど、これを習慣として毎日パーフェクトに過ごすことは、なかなかできないものです。

ここに、ほんの**ちょっとしたコツを知ることで、ちゃんと習慣にできる**ヒントを集めました。

今日からすぐにできるものばかりなので、**取り入れやすいものから**、一つずつ実践してみましょう。

今すぐ始められる、一歩先の美活習慣

毎日のちょっとした習慣が美人をつくります。

① 服装

季節を先取りしたファッションを取り入れつつ、体温調節しやすいアイテムを追加する。

② 食事

まずは毎日の食事をチェックして自分の食の傾向を知る。体をあたためる食品を上手にとる。

③ 姿勢

同じ姿勢のときこそ、こまめに体を動かす。深呼吸で心身ともにリフレッシュ。

④ 座り方

背もたれは使わず、やや浅めに座り、足裏をしっかり床につけ、ひざの直角を意識するだけで正しい姿勢がとれる。

⑤ 歩き方

顔は正面を向いて胸を開いて。足裏にかかる重心の移動を心掛けるとGOOD。

⑥ お風呂

熱いシャワーや無理な長湯は禁物。シャワーだけでも体を温められるコツを知る。

⑦ 睡眠

眠る前の儀式をつくって、良質の睡眠を。できるだけ7時間程度とれるように。

一歩先の美活習慣① 服装

これまで脚を隠すファッションばかりだった……という方、これからはぜひ脚を意識したファッションにも挑戦しましょう。スカートなら、かのシャネルが「女性を一番美しく見せる」といった、ひざより少し下の丈から始めるのがおすすめ。タイトスカートなど、全身が**Ｉ《アイ》ラインになるようコーディネート**すれば**脚も長く見せられます**。ストッキングの色は自分の脚よりも少し色の濃いもの、例えばダークベージュ系を選びましょう。**脚を引き締めて見せられます**。黒いストッキングはフォーマルの場合は引き立ちますが、ミニ丈のファッションでは、意外にも脚の欠点を強調しやすいので気をつけて。

おしゃれを意識すると、つい季節を先取りしたくなりますが、いつでも気温差に対応できるようなアイテムを忘れないこと。夏なら冷房対策として羽織ったりひざ掛けにもなるアウターやショールを、冬は足首を温めるレッグウォーマーなどを持っていると安心です。

冷え対策、この部位がポイントです

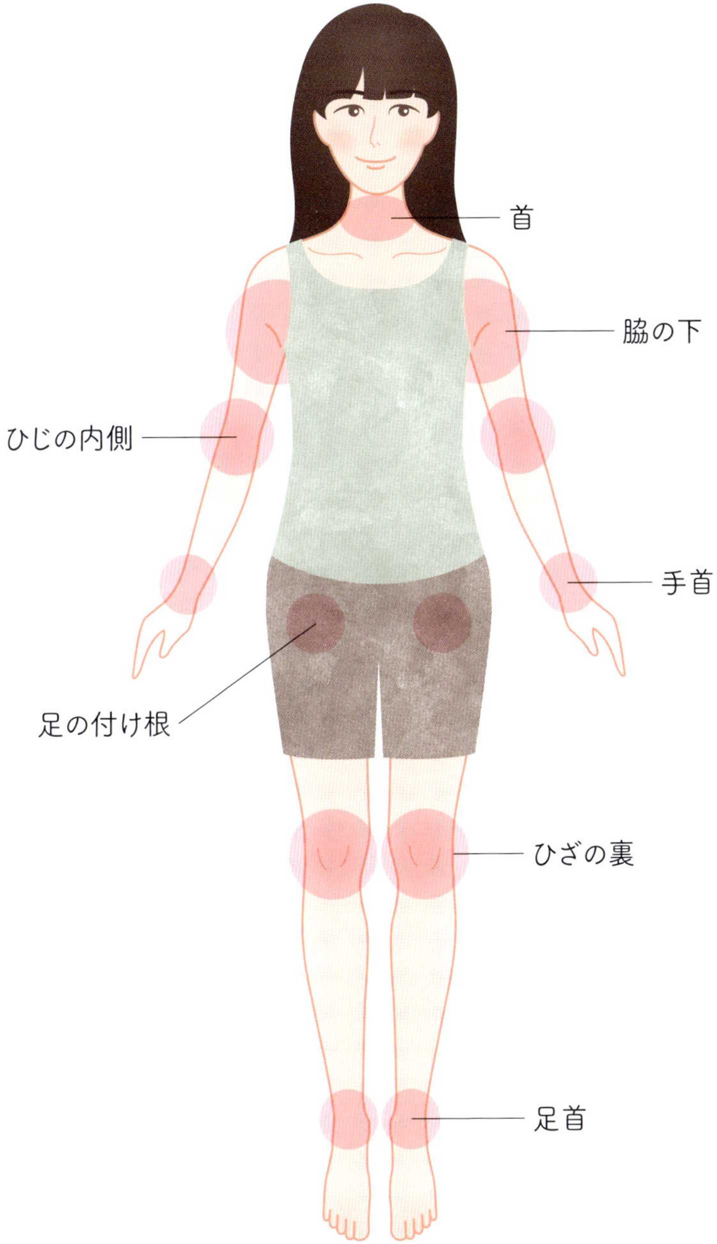

一歩先の美活習慣② 食事

好き嫌いが激しい人はもちろん、「私は何でも食べられるから健康的」と思っている人も、毎日どんなメニューで、どんな食材をとっているか、まずは**一週間チェック**してみましょう。意外にも偏りがあることに気づくはずです。

例えば野菜をたくさんとっていても、キュウリやレタスなど、体を冷やすものばかりかもしれませんし、和食が好きなら煮物が多く、味付けに砂糖を多く入れていたということもあるでしょう。

とはいえ、体を冷やす食品や、温める食品を一つずつ覚えるのは無理、という方に簡単な方法があります。

それは、**味噌汁やスープをメニューに加えること**です。根菜類中心の具材にすれば、体を温める食品が多くとれます。

逆に暑い国のもの、例えばカレーに使われるスパイス類や唐辛子は、汗をかいて体温を下げることから、体を冷やしやすいということも覚えておきましょう。

体を冷やす食品 ✕ NG

調味料

- 上白糖
- 精製塩
- 精製甘味料
- 化学調味料
- 香辛料(胡椒、ナツメグ、カレー粉)

など

野菜

- レタス
- トマト
- きゅうり
- アスパラガス
- ほうれん草

など

その他

- 冷凍食品
- カニ
- 缶詰食品
- 防腐剤や添加物が入っている食品

など

果物

- スイカ
- マンゴー
- メロン
- パパイア
- 苺
- パイナップル
- 梨
- 柿

など

体を温める食品 ◎ OK

動物性食品

- 卵
- チーズ
- レバー
- 赤身の魚
- あさり
- 小魚
- タコ

など

野菜

- 根菜類
(玉ねぎ、レンコン、ごぼう、人参、山芋)
- 生姜
- にんにく
- ネギ
- かぼちゃ
- ニラ

など

調味料

- 粗塩
- 味噌
- はちみつ
- 醤油
- 黒砂糖
- 植物油

など

果物

- りんご
- プルーン
- ぶどう
- みかん
- さくらんぼ
- 桃

など

穀類・豆類

- 粟
- ピーナッツ
- ごま
- 黒豆
- あずき

など

一歩先の美活習慣③ 姿勢

冷えやむくみが辛いときは、同じ姿勢を続けていることが多いもの。あと少し頑張ろうかなと思ったときが休憩のタイミングです。**1時間に1度は休憩**しましょう。

座りっぱなしのときはお手洗いのついでに少し歩くだけでも、冷えやむくみの防止にプラスとなります。立ちっぱなしのときは、とくに脚がだるく、むくみやすくなるもの。つま先立ちをしたり、**足指をグーパーと動かしてみるだけで、脚の重みがすっきり**してくるはずです。

さらにおすすめなのが**腹式呼吸。気持ちを落ち着かせ、血の巡りを改善**してくれます。

まずお腹の空気をゆっくり口から吐き出すことからスタート。しっかり吐き切ったら鼻から息を吸っていきます。力を抜くことがコツ。手をお腹に当てながらやってみましょう。

カンタン！ 腹式呼吸のやり方

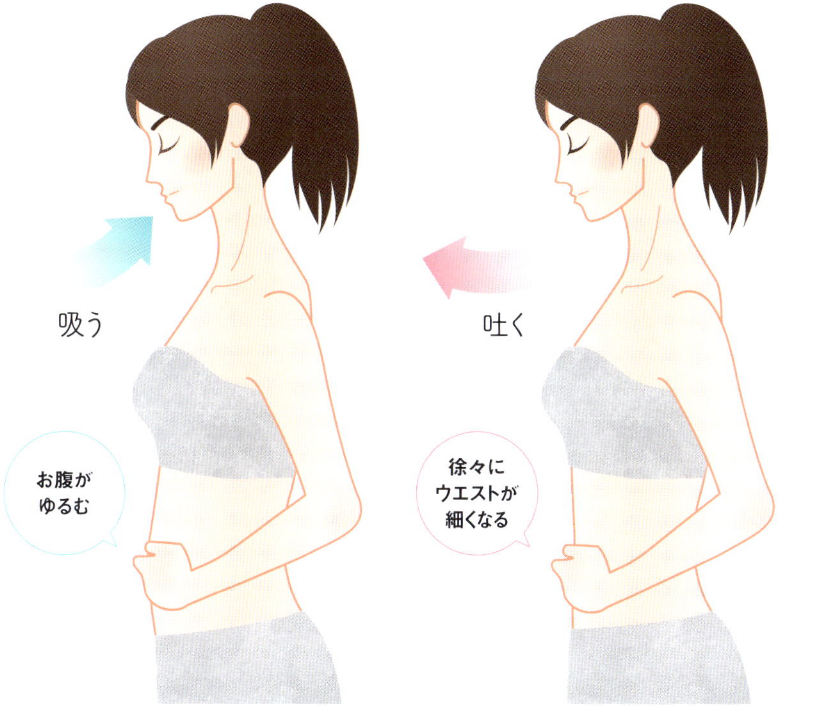
吸う
お腹がゆるむ
吐く
徐々にウエストが細くなる

1 お腹に入れた空気を、口からゆっくり吐き出す。

2 鼻から息を吸い、お腹に空気を入れる。

上手にできないときは、寝転びながら行いましょう

一歩先の美活習慣④　座り方

悪い姿勢は血流を悪くするだけではなく、骨格まで変えてしまうなど深刻な事態を引き起こすことも。そこで**姿勢が自然に改善される3つのポイント**を紹介します。

1 **浅く座ること**

背もたれは使わず、浅めに座り、骨盤を立てましょう。

2 **足を床に完全につけること**

足底が浮いていると不安定になり、筋肉に無意識の緊張が入り、血流が悪化して、むくみや冷えの原因となります。足が床につかない場合は、足場を用意しましょう。

3 **脚は組まず、ひざを直角に**

脚を組むと骨盤がゆがみます。まっすぐ前に両足を置き、ひざの角度を直角にしましょう。

正しい座り方のポイント

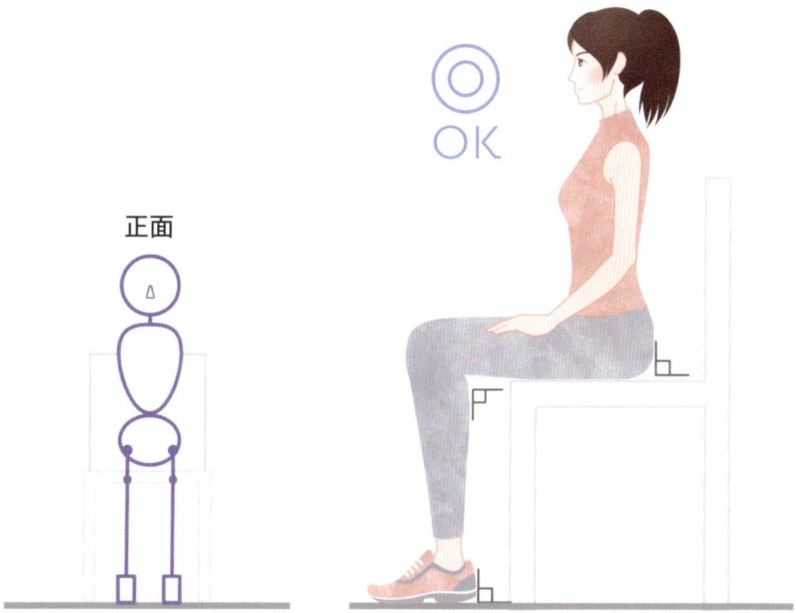
◎
OK
正面

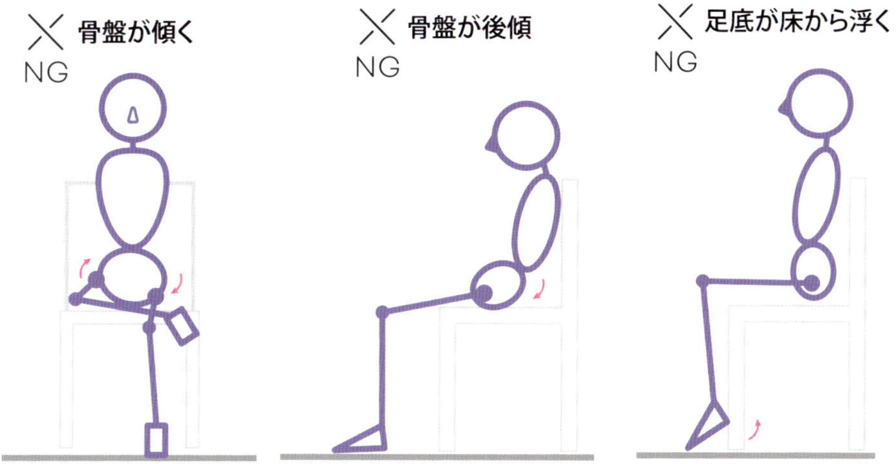
╳ 骨盤が傾く
NG
╳ 骨盤が後傾
NG
╳ 足底が床から浮く
NG

一歩先の美活習慣⑤ 歩き方

冷えやむくみだけではなく、腰痛やひざ痛、ウオノメやタコができるなど、他のトラブルを抱えていませんか？　ひょっとしたら、歩き方そのものが正しくない可能性が考えられます。

正しい歩き方は、**まず胸を張って、背筋を伸ばしてひじを引き、肩甲骨が動いていることを意識**しながら歩きます。

さらに大切なのは、背筋をピッと伸ばして視線は前に。着地はかかとからしっかり行い、**重心をかかと→中央→つま先へとスムーズに移す「3ステップ歩行」**を心掛けましょう。

気を抜くと、つい下を向きがちという人は、ファッションショーのランウェイを歩いているかっこいい自分を想像するのもおすすめです。時には大胆に大股なくらい歩いてみましょう。

正しい歩き方のポイント

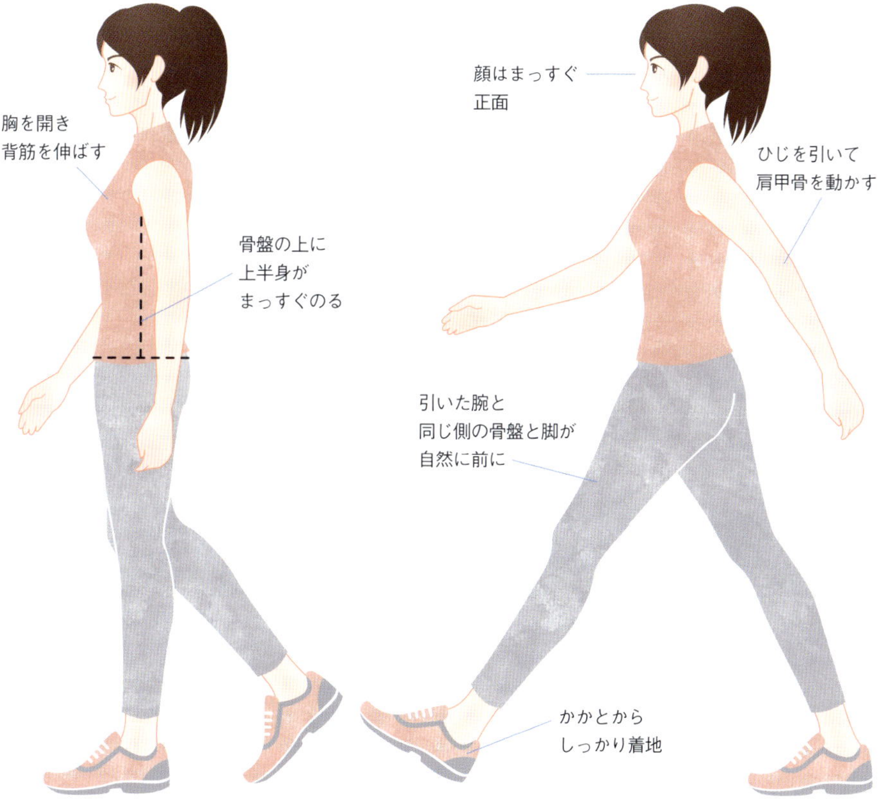
胸を開き
背筋を伸ばす
骨盤の上に
上半身が
まっすぐのる
顔はまっすぐ
正面
ひじを引いて
肩甲骨を動かす
引いた腕と
同じ側の骨盤と脚が
自然に前に
かかとから
しっかり着地

3ステップ歩行
かかと→中央→つま先と重心が移動

一歩先の美活習慣⑥ お風呂

お風呂は体を温めるチャンス。
だからといって熱いシャワーを浴びたり、半身浴で長く浸かっているのはNG。**熱いお湯は肌の乾燥の原因になり、やり方次第では半身浴でむしろ体を冷やしてしまうことも**。その日の体調と相談しながら、心地良いと思える温度のお湯に肩までゆっくり浸かることがベストです。
ただし、お湯に浸かる前には掛け湯を忘れずに。特に冬場は体が冷えているので、いきなりバスタブに入るのは禁物です。
お湯に浸かったら、**足先から少しずつ揉みほぐすと血流がアップして、入浴後もポカポカが続きます**。チャプター2でご紹介した、バスタブに浸かりながらのエクササイズもぜひ行ってみましょう。
「シャワーですませたい」というとき、自宅にバスタブがない方は、左ページのシャワーで効率良く体を温める方法を、ぜひ実践してみてください。

シャワーで効率良く体を温める方法

まず足から温める

朝など体が温まっていないときは、足からお湯を浴び、血行を促進する。

全身シャワー＋タオル浴

シャワーは、首元にタオルを巻き、高い位置から全身にお湯を浴びる。

背中や腰を温める

洗顔などをしている間は、背中や腰にシャワーを当て、血流を促進する。

集中的にそけい部も温める

湯が当たりにくい脇の下や、そけい部（脚の付け根）もシャワーで温める。

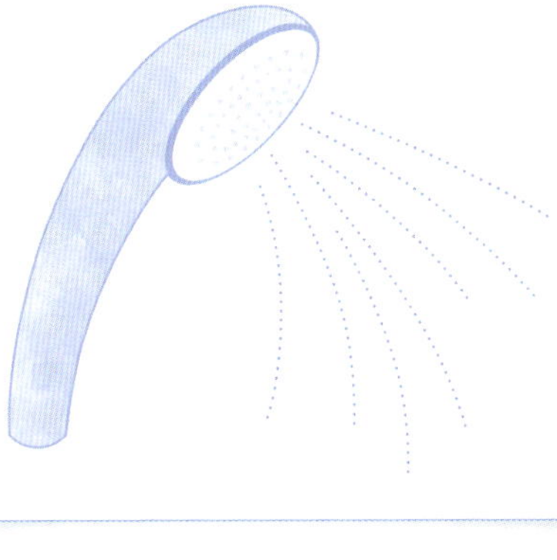

一歩先の美活習慣⑦ 睡眠

毎日の睡眠時間、ちゃんと足りていますか？　アメリカでの調査によると、最適な睡眠時間は7時間とあり、これより**睡眠時間が短いと肥満率がどんどん上がる**というデータがでています。

もちろん足の冷えやむくみにも悪影響。眠れないという人は、睡眠前のＮＧ習慣に当てはまっているかもしれません。

スムーズに眠りに入るためには**自分なりの儀式を見つけるのがおすすめ**です。例えば穏やかな音楽を聴く、瞑想する、アロマをたくなどさまざまなことを試してみましょう。

照明は眠る前から少し暗めで暖かみのある明るさに。

寝床についたら、筋肉に力を入れて交感神経を活発にしたあと、一気に力を抜く「弛緩法」をすると、寝つきがよくなり、朝はすっきりと目覚められるようになります。

睡眠前の NG 習慣 ✕ NG

飲酒、喫煙、カフェイン

夜の飲酒習慣は睡眠の質を下げ、たばこやカフェインは覚醒作用があります。

就寝直前の食事

就寝前に食事をとると、睡眠中に消化することになるので胃腸が休まりません。

パソコンやスマートフォンの使用

パソコン、スマホのブルーライトは脳を活性化させ、睡眠の障害になります。

睡眠前の OK 習慣 ◎ OK

腹式呼吸をする

ゆっくり口から息を吐き、鼻から息を吸う腹式呼吸をするとリラックスします。

アロマの香りを嗅ぐ

サンダルウッドなどのアロマは鎮静作用があって睡眠の質を高めます。

ホットタオルで首を温める

首の後ろを蒸しタオルで温めると、全身がリラックスして心地良くなります。

おわりに

「輪ゴムdeながら美脚術」は、いかがでしたでしょうか？

今回は、ながらエクササイズを多くご紹介しましたが、冷えやむくみで辛いと感じたときは、輪ゴムを足に巻いてグーパーするだけでもいいのです。たった30秒だけでふくらはぎのサイズが変わったという人も珍しくありません。冷えやむくみをとるために、特別な運動は必要ないのです。

私が「足の健康」を研究し始めたのは、あることがきっかけでした。

私は若い頃、交通事故によって足に怪我を負いました。一命は取り留めたものの、思うように体を動かすことはかなわなくなり、日常生活で不便を強いられることに……。

その結果、「痛みや苦痛を少しでも和らげよう」と、自分の体と真剣に向き合う時間が増えました。「怪我をしたから」といって運動量を減らしてしまうと、むくみやしびれ、肥満、やがては機能麻痺など健康上の問題に悩まされかねないからです。

「脚をむくませないために、足裏から働きかけることはできないか」祖母が履物屋を営んでいたこともあり、いつしかこのような視点から、〝夢のような製品〟を構想するようになりました。

試行錯誤を重ねるうちに、「これは！」と思える理論に、たどりつくことができました。それを具体的に形にしたのが「鼻緒メソッド」です。皆さんのご家庭にもある輪ゴムを足指につけるだけで、血行が改善し、脚全体の形がきれいになり、全身のバランスまでが理想的になれるのです。こんな夢のような効果が、どこにでもある輪ゴムで得られることに、私は感動を覚えました。

体の不自由さと引き換えに得た、この驚くべきノウハウを、多くの方に役立ててほしい。そして、一人でも多くの女性に笑顔になっていただきたい。私は、そんな願いに駆られて美脚作りをサポートする活動を約20年間続けてきました。

女性たちの声をヒアリングするうちに、気づいたことがあります。今現在、多く知られている着圧系は脚の締め付けがキツく満足できるものではありません。もっと美脚づくりを気持ち良く、簡単にしてくれるグッズがあれば、よりスムーズに習慣化できるのではないかと考えたのです。それも機能性とファッション性を両立させたグッズであれば、モチベーションもアップすること。デザインや色はもちろん、サイズ展開まで豊富であること。長時間使っていても、ストレスにならないこと。さらに、そのグッズを使っていれば、エクササイズをわざわざ行わなくてもよいこと……。

このような条件を満たした美脚メイクサポーターの開発に、近年ようやく成功しました。今では5カ国で特許を取得し、全世界で20万人以上の女性たちに、ご愛用いただいています。

この鼻緒メソッドで、美脚を叶えた皆さんの笑顔の輪が広がることを願っています。

令和元年七月　　岩田茂裕

エクササイズがWEBでもご覧になれます！

「輪ゴムdeながら美脚術」のエクササイズが動画になりました。
動きがよりわかりやすく、スマホやタブレットでも見ることができるので、
お家の中でも、どこでも便利にご覧いただけます。

※一部エクササイズを除く

〈PCから〉

www.asipita.com/youtube

〈スマートフォン・タブレットから〉

※WEBは予告なく終了する場合がございます。ご了承ください。

著者：

岩田 茂裕 (いわた しげひろ)

岩正織物株式会社

1962年愛知県名古屋市生まれ。大学卒業後、大手小売チェーン店に就職する。1987年に家業のアパレル会社へ入社。売り上げを10倍までに成長させる。1999年ぞうりの鼻緒からヒントを得て美脚メイクサポーター「アシピタ」を医師と一緒に開発。2000年に発売、すでに20万足を販売する。
現在では美脚メイクのエキスパートとして、その独自の美脚理論は海外からも高い評価を受けており、世界中の女性に喜びを提供している。

エクササイズ監修：

藤野 奈緒子 (ふじの なおこ)

1965年愛知県安城市生まれ。広島大学卒。3児の母。3歳よりクラシックバレエを始める。中・高理科教員免許取得、東京銀座スズキフロリスト、東京商家学院専門学校専任講師を経て現在に至る。有限会社プティオ　取締役健康教育事業部長、安城バレエ代表を務める傍ら日本ストレッチング協会、日本コアコンディショニング協会、日本コミュニケーショントレーナー協会の3協会で各々講師資格を有し、心と身体の両面から呼吸と姿勢を整えるバレエストレッチマスタートレーナー・講師として『生きる力を引き出す姿勢』をテーマに活動中。

協力：

國枝 宏之 (くにえだ ひろゆき)

プラスマーケティング合同会社

エクササイズ監修	藤野奈緒子
装丁	松浦周作（mashroom design）
	森紗登美（mashroom design）
撮影	スギヤマオサム
ヘアメイク	中森 彩
スタイリスト	宇野圭見
モデル	殿柿佳奈
協力	國枝宏之（プラスマーケティング合同会社）

さよなら冷え、むくみ！

輪ゴムdeながら美脚術

2019年7月8日　第一刷発行

著　者　　岩田茂裕
発行人　　久保田貴幸
発行元　　株式会社 幻冬舎メディアコンサルティング
〒151-0051　東京都渋谷区千駄ヶ谷4-9-7
電話　03-5411-6440（編集）
発売元　　株式会社 幻冬舎
〒151-0051　東京都渋谷区千駄ヶ谷4-9-7
電話　03-5411-6222（営業）
印刷・製本　シナジーコミュニケーションズ株式会社

検印廃止

©SHIGEHIRO IWATA, GENTOSHA MEDIA CONSULTING 2019

Printed in Japan
ISBN　978-4-344-92094-1　C0095
幻冬舎メディアコンサルティングＨＰ
http://www.gentosha-mc.com/

※落丁本、乱丁本は購入書店を明記のうえ、小社宛にお送りください。
送料小社負担にてお取替えいたします。
※本書の一部あるいは全部を、著作者の承諾を得ずに無断で複写・複製することは禁じられています。
定価はカバーに表示してあります。